第一次做生意

丹牛 著

SUCCESS
IN
YOUR
FIRST
BUSINESS

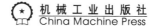
机械工业出版社
China Machine Press

图书在版编目（CIP）数据

第一次做生意 / 丹牛著 . -- 北京：机械工业出版社，2022.5
ISBN 978-7-111-70696-0

Ⅰ. ①第… Ⅱ. ①丹… Ⅲ. ①商业经营 Ⅳ. ①F713

中国版本图书馆 CIP 数据核字（2022）第 075311 号

　　本书作者在创业之前，在中国 500 强企业工作多年。他根据自身 10 年的创业经历和缜密思考，从创业、管理、经营三个部分，详细阐述创业者以及新手管理者可能遇到的各种重大问题，包括如何找到帮助公司度过生存期的客户，如何解决团队执行力不高的问题，如何持续提高企业利润等。书中介绍了 28 个方法，47 个案例，121 个生意经，带你安心度过企业初创期、团队管理期和转型升级期，助你第一次做生意就成功。

第一次做生意

出版发行：机械工业出版社（北京市西城区百万庄大街 22 号			邮政编码：100037）	
责任编辑：高珊珊			责任校对：马荣敏	
印　　刷：保定市中画美凯印刷有限公司			版　　次：2022 年 7 月第 1 版第 1 次印刷	
开　　本：170mm×230mm 1/16			印　　张：17.75	
书　　号：ISBN 978-7-111-70696-0			定　　价：69.00 元	

客服电话：（010）88361066　88379833　68326294　　投稿热线：（010）88379007
华章网站：http://www.hzbook.com　　　　　　　　　　读者信箱：hzjg@hzbook.com

版权所有•侵权必究
封底无防伪标均为盗版

前　言

教人怎么当一名优秀员工的书籍有很多，但教人怎么当一名好的创业者或者企业经营者的书籍却没有多少。

在一些人的认知中，能够踏出创业做生意这一步的人，要么已经拥有足够的创业资金，要么已经积累足够的工作经验，总归有着超乎常人的能力、资源和勇气，哪里还需要别人教？理论上这么说并没有错，可如果将"创业"看成一份工作、一个岗位或者一份职业的话，我们可以发现：

在决定要不要"换工作"时，创业者也会恐惧，害怕自己做出错误的选择。

在努力得不到应有的回报时，创业者也会迷茫，不知道接下来应该怎么办。

在收入高速增长的时候，创业者也会"膨胀"，觉得自己能力强，干什么都会成功。

在事业发展到瓶颈期的时候，创业者也会懈怠，觉得辛苦那么多年，现在放松一下也没什么。

在遇到这些问题时，创业者不像职场人一样可以有一个上司去督促他和帮助他，去指出他工作中的错误之处，并帮他规划接下来的发展方向，甚至会手把手地教授他到底应该做什么以及怎么做。

创业者是"孤独"的，尤其是第一次做生意的人，无论做什么都只能

"摸着石头过河"。

让创业者"在过河时能够少摸点石头",是我写下《第一次做生意》这本书的初心。我不敢说要成为你的"前辈",只期望能够作为你的同行者,跟你分享我创业 10 年一路走来的所思、所行与所得,尤其是我曾经遇到过的失败与挫折,毕竟成功总是各有不同,但失败总是一脉相通,看多了别人走过的误区,自己无论如何都可以趋利避害。具体方法、案例、生意经如表 1 ~ 表 3 所示。

通过这本书,我希望能够帮助你:

完善创业前的关键准备,最大限度减少"两眼一蒙往前冲"的冲动。

找到创业初期的重点发展方向,竭尽全力让自己能够生存并发展下去。

梳理创业中期的团队与企业管理工作,从"向外求效益"过渡到"向内求效率"。

明确创业后期的战略与企业经营方向,能够实现下一轮发展周期再上一个台阶。

在我看来,创业是一场长达几十年的马拉松障碍跑,从我们踏上赛道的那一刻起,就没有什么所谓的"创业成功",有的只是一个个阶段性目标的达成,所以我们必须不断地奔跑。

但是,当跑久了时,我们往往会一不小心变成"为了跑而跑",只顾着埋头狂奔却忘了抬头看看方向,或者停下来调整一下奔跑的姿势或方法,结果走进一个个岔路,或者让自己"伤筋动骨"。

所以,不管你当前处于哪一个创业阶段,这一刻,请稍微放缓脚步,一起来探讨一下,在接下来的创业岁月里,应该如何让自己跑得更快以及跑得更好。

表1 第一次做生意的28个方法清单

序号	方法	来源章
1	如何判断是否要辞职创业	第1章
2	如何选择第一次生意的切入点	第2章
3	如何进行创业前的财务测算	第3章
4	如何规避合伙创业的风险点	第5章
5	如何选择适销的产品	第6章
6	如何找到与我们相匹配的客户	第7章
7	如何通过竞争对手明确定位	第8章
8	如何判断所处行业的前景	第9章
9	如何判断自己的职业类型	第11章
10	如何判断不同管理者在企业不同阶段的职责	第11章
11	如何选择与企业相匹配的员工	第12章
12	如何判断员工的素质能力	第12章
13	创业公司如何招募优秀员工	第13章
14	如何培养员工匹配工作所需的岗位技能	第14章
15	如何看待与调整员工的心态问题	第15章
16	如何建立公司的标准化管理体系	第16章
17	如何选拔合适的管理者	第17章
18	如何激发团队的积极性	第19章
19	如何设计行之有效的绩效考核体系	第20章
20	如何提升团队的执行力	第21章
21	如何解决管理者过于忙碌的问题	第22章
22	如何实现团队从小到大的顺利过渡	第23章
23	如何明确企业的战略方向	第24章
24	如何通过增值降本提升企业的经营利润	第25章
25	如何通过优化供应链提高企业竞争力	第26章
26	如何实现从销售到制造的转型	第27章
27	如何实现从传统贸易到跨境电商的转型	第28章
28	如何建立企业的核心竞争力	第29章

表 2 做生意必看的 47 个案例清单

序号	案例	来源章
1	选择麦当劳还是肯德基	第 1 章
2	朋友辞职开咖啡馆	
3	苏格拉底的麦穗故事	
4	互联网送餐的创业	第 2 章
5	美国客户的质量问题	
6	研发节律照明	
7	贸易公司的盈亏平衡	第 3 章
8	新项目的财务测算	
9	第一次合伙	第 4 章
10	大飞的合伙失败	第 5 章
11	小琼的合伙	
12	钻头	第 6 章
13	台湾餐垫工厂	
14	空调销售商	
15	紫外线消杀棒	
16	出租车司机	第 7 章
17	减重 40 斤	
18	高铁站锻炼销售能力的例子	
19	客户意图入股供应商	第 8 章
20	客户要求降价	第 9 章
21	三种不同类型供应商	
22	无人机项目的创业	第 10 章
23	P 型创业者的不放权	第 11 章
24	大蒋的招聘	第 13 章
25	新同事的转岗	第 15 章
26	公司的涨价	第 16 章
27	老牛的年会筹办	
28	创业者 K 的新品推广	

(续)

序号	案例	来源章
29	创业者大 C 的团队管理	第 18 章
30	David 的团队绩效考核方案	第 19 章
31	小 A 和小 B 的工作成果	第 20 章
32	Jason 的提成方案改革	
33	要求下属买苹果	第 21 章
34	帮助下属 Andy 解决问题	第 22 章
35	供应商涨价	第 25 章
36	次级供应商管理	
37	降低客户链条成本	
38	线下活动流程复杂度高	
39	扫码点餐降低流程复杂度	
40	苹果汁的供应链优化	
41	美国 ABC 公司的太阳能空调采购	第 26 章
42	客户定制光源	
43	两家肠粉店	第 27 章
44	无邻苯测试不合格	
45	台湾供应商流程优化	
46	X 鸡餐馆	第 28 章
47	作者公司的 10 年发展路线	第 29 章

表 3　121 个生意经清单

知识点和生意经	来源章
战略、成本、机会成本、创业三要素	第 1 章
发现需求、痒点、痛点、潜在的痛苦、承认的痛苦、解决方案构想	第 2 章
盈亏平衡点、固定成本、变动成本、销售黄金公式、商机	第 3 章
价值观	第 4 章
合伙人、资源承诺者、兼职创业者、合伙四象限、合伙人的权利与义务	第 5 章
产品、核心产品、形式产品、期望产品、延伸产品、未来产品、质量过剩、消费者剩余、服务、战略采购、最小可用品、产品知识	第 6 章
客户画像、元数据、行为数据、态度数据、非活跃客户、活跃客户、Company A、隐含需求、销售能力、采购流程、难点问题、暗示问题、目标、路径、措施、建立信任	第 7 章
小众市场、竞争对手、最大优势里的固有劣势	第 8 章
波特竞争力模型	第 9 章
具现化能力二维矩阵、自利性偏差	第 10 章
P 型岗位、M 型岗位、绝对优势、比较优势	第 11 章
劳动效率最大化、组织效率最大化、个人效率最大化	第 12 章
招聘的需求管理、招聘的方案呈现、马斯洛需求层次理论	第 13 章
职业化、费曼学习法、微软的 721 学习模型	第 14 章
统一认知、目标管理、明确路径、建立措施、监督执行、SMART 原则	第 16 章
社会规范、市场规范、宜家效应	第 18 章
期望理论、双因素理论、内部驱动型、外部驱动型、延迟满足	第 19 章
企业价值观、企业发展阶段、行为考核、作品、锚点理论、棘轮效应	第 20 章
背上的猴子、权／责／利对等	第 22 章
情境管理	第 23 章
战略目标、战略规划、战略实施、使命、愿景、业务、找自己	第 24 章
采购成本、链条成本、交易成本、次级供应商管理、产品复杂度、组织复杂度、流程复杂度	第 25 章
供应链管理、信息流、资金流、产品流、边际成本、边际效应、采购的三大职能、价值分析、价值工程	第 26 章
次级供应商管理、利丰模式、微笑曲线	第 27 章
增长陷阱、商业的本质	第 28 章
核心竞争力、能力目标	第 29 章

目　录

前言

第一部分 ｜ 创业篇：从职场人到创业者

- 002　第1章　职业经理人与创业独行者的抉择
- 008　第2章　选择什么作为第一次生意的开始
- 015　第3章　99%的创业失败在于没做这件事
- 021　第4章　合伙创业：合伙容易，合作很难
- 027　第5章　假如非要合伙创业，请警惕这三个常见错误
- 033　第6章　我的产品是什么
- 041　第7章　我的客户在哪里
- 062　第8章　我的竞争对手是谁
- 068　第9章　我所处的行业还有前景吗
- 076　第10章　我该不该去追逐风口
- 083　第11章　我是什么类型的创业者

第二部分 | 管理篇：从自我管理到团队管理

092　第 12 章　选择员工比培养员工更重要
099　第 13 章　你不是在招人，而是在卖岗位
109　第 14 章　如何培养员工的岗位技能
116　第 15 章　正确看待员工的心态问题
126　第 16 章　到底什么才是真正的管理
140　第 17 章　不要在"销冠"中选择管理者
145　第 18 章　千万不要和员工交朋友
150　第 19 章　团队积极性不高怎么办
155　第 20 章　建立科学的绩效考核体系
169　第 21 章　为什么下属的执行力那么差
175　第 22 章　不要将员工的"猴子"背到自己身上
182　第 23 章　中小微企业的管理方向：总经理办公室

第三部分 | 经营篇：从创业者到企业家

192　第 24 章　我的企业战略是什么
204　第 25 章　我要如何提高经营利润
220　第 26 章　所有的竞争，本质上都是供应链的竞争
236　第 27 章　我要如何实现转型升级：制造工厂篇
251　第 28 章　我要如何实现转型升级：跨境电商篇
264　第 29 章　我的核心竞争力是什么
270　后记
273　参考文献

01
第一部分

创业篇
从职场人到创业者

第 1 章
职业经理人与创业独行者的抉择

2011年，我任职的企业（中国500强）发生了一场非常大的内部人事变动。原来的外贸部门总经理A因为业绩不好和管理不善被迫辞职。原来的外贸部门副总经理B本来也打算跟着辞职，但在A的劝说和老板的引导下，B留了下来，以维持原有团队的稳定。随后，B向公司提交了一份公司整改方案，希望借此竞选外贸部门总经理一职。

众人都以为外贸部门总经理一职非B莫属，没想到外贸部门总经理助理C也不声不响地参加了竞选，而且结果令人诧异，C居然竞选成功，跳级当上了总经理，B愤而辞职。身为B直接下属的我，就是在这种环境下开始思考是否要辞职创业的。

辞职创业，看似一个简单的选择，认真思考，我们会发现它是"要不要辞职"以及"辞职后是否创业"两个问题。进一步思考还会发现，创业是关于"我在未来 3～5 年想要成为一个什么样的人"这一职业生涯规划的问题。

这个就是"战略",它决定什么样的选择对于我们来说是有价值的。

那么,到底什么是战略?

简单来说,战略是一种对未来和全局的规划设计,反推我们当前所要完成动作的过程,它可以简单分解成三个要素。

战略目标:对未来经营活动所能取得的主要成果的期望值。例如,我的目标是在 45 岁的时候可以退休,这个就可以称为战略目标。

战略规划:对目标进行分解,将事物发展朝着总目标推动。例如,为了 45 岁能够退休,我必须通过一种什么样的方式,在 30 岁、35 岁、40 岁和 45 岁分别需要挣多少钱,这个可以称为战略规划。

战略实施:坚定不移前进,即使牺牲当前利益也在所不惜。例如,我已经规划好要通过创业去实现 45 岁退休这个目标,此时突然有公司给我双倍年薪邀请我去工作,虽然条件诱人,但我不能去,我必须严格按照规划来执行,这就叫作战略实施。

为什么说战略决定什么样的选择对于我们来说是有价值的呢?

因为价值永远是一个相对值而不是绝对值,例如榴梿,对于喜欢吃的人来说它是"水果之王",但是对于不喜欢吃的人来说则难以下咽。战略,简单来说是确定"我们期望的到底是什么",从而确定什么样的东西对于我们来说是有价值的,以及价值是多少。

例如,我可以选择继续留在原来的中国 500 强公司,两三年之内,应该可以当上外贸部门总经理。

我也可以选择辞职,然后换一家公司,年收入应该可以直接翻一番。

我还可以选择辞职,然后去努力创业,但收益未知。

假设不以战略为前提，单纯看收益的话当然继续留在原公司是最好的选择，可是当我们将选项和"45岁退休"这个战略目标结合起来看时，会发现潜在收益最大的（即使乘上成功概率之后）其实是创业。

说完收益，我们接着说成本。

经济学定义的"成本"，和日常生活中的成本不一样。

日常生活中的成本是这样的：一套空调的材料成本 X 元、管理成本 Y 元、物流成本 Z 元，那么 $X+Y+Z$ 就是这一套空调的成本。

但是经济学当中，成本的概念更多指"机会成本"。

什么意思呢？举个简单的例子。你有两个兼职打工的机会。一个是肯德基，一个是麦当劳。当你选择肯德基的时候必然会放弃麦当劳，反之亦然。被放弃的那一个选项所能够带来的价值，是你本次选择的机会成本。

所谓机会成本，是当你面临多个方案选其一时，被舍弃的最高价值选项。譬如阅读这本书的时间，有些人拿来吃饭睡觉，有些人拿来玩王者荣耀，有些人却能挣许多钱。选项不同，机会成本不同，时间价值自然也不同。

那么，在是否应该辞职创业这件事情上，我们应该怎么计算机会成本呢？

请拿出一张纸，分别写下"继续打工""辞职打工""辞职创业"三个选项。然后，在每一个选项下方，写"我将收获什么"以及"我将付出什么"。收获标记为正分，付出标记为负分。最终每个选项的正负分相加，自然能够得出每一个选项的总得分是多少。

假设继续打工得 80 分，辞职打工得 60 分，辞职创业得 40 分，当选择辞职创业的时候，机会成本就是继续打工的 80 分。这意味着，辞职创业的机会成本过高，并不划算。

从这个角度出发，创业者在创业一段时间之后一算账，发现收入与支出相同，表面上看不赚钱也不亏钱，然后安慰自己至少还能活下去。但实际上大概率是亏钱的，因为没有计算机会成本，没有计算假如不创业而选择打工的话工资会是多少钱。譬如我有一位朋友，从企业离开后开了一家咖啡店。有一次我问她："开这样一家咖啡店，一年能赚多少钱？"她笑着回答："还不错，今年赚了 20 万元。"

这算是辞职创业成功吗？确实，表面上看她一年能收入 20 万元，但她在企业上班时的薪酬，一年有 50 万元。这样一比较，辞职创业的机会成本就太高了，远没达到"盈利"的程度。

最后，再来说一说风险。

所谓风险，是某一件事情可能存在的不良影响。在创业之前，我们都会将未来想象得特别美好——很快能签到单，很快能招到人，很快能赚到钱……在真正开始创业之后，对于风险和困难的估算不足，准备不充分，结果"撞得自己满头包"。

风险是时时刻刻都存在的，我们不可能完全规避风险，只能尽力让风险可控。

尤其是对于创业这样的不可预知的工作，我们更应该尽己所能将所有可能出现的问题都考虑到，然后问自己："当问题发生时，有备选方案吗？当问题发生时候，后果在可承受的范围之内吗？"

我在创业的这些年里，遇到过很多困难，走过许多弯路，我能一路走到今天，靠的是所有最差的后果都在我的承受范围之内，即使问题发生，我也不会"伤筋动骨"。

综上所述，在考虑是否要辞职去创业时，应该考虑三个维度：价值、成本和风险，然后在这三个维度中寻找一个最有利的平衡点。

除此之外，还要深思以下三个问题。

1. 我离开企业，是因为"问题"还是"机会"？

这两者最大的区别在于，因为问题而离开的人，只知道自己不要什么，却未必知道自己要什么，而后者往往会陷入不停跳槽的死循环。

2. 我明确"创业三要素"了吗？

（1）我掌握市场端了吗？

我了解市场吗？我了解客户的业务吗？我和客户之间的关系只是私人情谊，还是我能够给他带来价值与利益，即使更换公司也不会改变？

（2）我能力足够了吗？

例如对于初创企业而言，获取订单的销售能力是最重要的，包括从无到有的破冰能力、挖掘客户真实需求的能力、完美呈现解决方案的能力等，这些能力我已经具备了吗？

（3）我掌握供应端了吗？

不是拥有一个开工厂的朋友就能称为"掌握供应端"。除了掌握足够的行业知识之外，还得明确重点供应商是否真的具有市场竞争力，是否与我理念相同、能力互补以及利益绑定。

3. 我辞职之后非得创业吗？

10年前我刚刚辞职创业时，只有20万元的存款。根据当时的消费水平，如果我没有办法在半年之内盈利，就得马上回企业上班。即使能够在半年之内盈利，由于我离职前的年收入约为30万元，假如没办法在创业一年之内盈利30万元以上的话，就属于"机会成本太高"。

但在半年之内创业盈利，且在一年之内盈利超过30万元，谈何容易啊！

所以表面上我们向往创业，其实真正向往的是创业成功后的财富和自由生活。我一没有钱，二没有资源，靠着一个"莽"字踏上创业路，这样的创业就只是在赌而已。能够在后来走上正轨，纯粹是自己运气好。

但话又说回来，创业本来就是一件"七分天注定，三分靠打拼"的事情，即便考虑得再多，往往也只能在有限的空间内折腾。跟大家分享一个小故事。

传说古希腊哲学大师苏格拉底有一次带领弟子们来到一片麦田，让他们每一人在麦田中选摘一支最大的麦穗，规定所有人都不能回头，且每个人都只能够摘一支麦穗。第一个弟子刚刚走了几步便迫不及待地摘了一支自认为最大的麦穗，结果发现后面还有许多更大的麦穗；第二位弟子则一直犹犹豫豫，舍不得下手，直到终点的时候才发现自己已经错过最大的麦穗；而第三位弟子则把麦田分为三份，走第一份麦田时，只看不摘，分出大、中、小三类麦穗，在第二份麦田里验证他之前的判断是否正确，然后在第三份麦田里摘取了最大的那一支。

在现实的世界里，很多时候并没有最佳决策，只有最满意决策。我们不可能准备完美再出发，很多时候只能够边走边调整路线。对于创业早期的人来说，要做出一个好决策除了需要科学考量之外，还要赌一个人的眼光和勇气。所以，如果决定做，就不要犹豫不决，畏首畏尾，否则很可能最终创业未果，打工也毫无成就。

第 2 章
选择什么作为第一次生意的开始

在创业方向的选择上,初级创业者往往会走入如下误区:

错把自己的需求当成市场的需求。

错把喜欢的东西当成创业的方向。

错把"没有竞争"当成"前景广阔"。

前两点很容易理解,不管是自己的需求还是身边的需求,都只代表某个特定人群,未必代表能够支撑起一门生意的市场;而且喜欢不等于擅长。例如某人喜欢玩游戏,可如果把游戏作为创业方向,仅靠喜欢可不够,还要拥有设计和推广游戏的能力和资源。

"没有竞争"为什么不是好事情?分享一段真实经历。

2006年,我在广州某写字楼里上班。对于上班一族,点外卖一直是件麻烦的事情：每次点外卖都要找人拼单，否则份数不够餐厅不送；总有些不自觉的同事，被催了好几次之后才掏钱；只能够通过电话点外卖，说清楚送餐地址费时又费力。

于是我想：都已经是互联网时代了，要是我们能够在线上点餐，那该多方便啊！

顺手在网络上搜索几次后，我突然兴奋起来：这么有价值的事情居然没有什么人做！绝妙的商机！

于是我马上辞职，做起了线上点餐的业务。结果三个月时间不到，我不得不关闭公司回归职场。为什么会失败得这么快？

没能找到相同或相似的商业模式，到底是因为其他人还没有想到，还是已经想到了但来不及做？还是已经做了但来不及成功？还是这个模式在当时环境下根本走不通，根本不可能成功？

以当今社会人士的心思活泛程度以及信息的流通速度，我认为：这件事情之所以没有什么人做，是因为这件事情的模式走不通。或者以我的能力和资源，在当时的社会环境下根本走不通。

譬如今天的外卖业务能够这么火，得益于移动互联网的发展以及大众认知能力和消费能力的升级。然而在方便面依然占据主流市场的十几年前，线上点餐业务就很难做起来。

有句话对创业者非常重要：不要在空白中找市场，而要在市场中找空白。

和"创造需求"相比，"发现需求"更为关键。举例来讲：滴滴出租车，作为一个曾经的新事物，它创造需求了吗？并没有。"打车难"问题一直存在，但"电召出租车"未能满足这个需求。滴滴出租车正是看到了这个未能被很好满足的需求，利用互联网的手段更高效和更低成本地满足了它，仅此而已。

对于普通创业者来说，不要盲目追求"创新"，追求一些前人未曾成功甚至未曾做过的事情。

创业≠创新，创造需求是少数天才的行为，对于普通人来说，创业本身也是一份工作。

想象一下，假如一份工作只有你去应聘，其他人纷纷摆手说不去，这该是一件多么可怕的事情啊。

所以没有竞争不一定是好事，可能是没有市场；有竞争也不一定是坏事，至少意味着这件事情发展空间。不要盲目地追求"高大上"，而要考虑在这件需要和别人竞争的事情上，自己是否擅长。

但是，仅仅"发现需求"还不够，还要知道发现的需求到底属于"痛点"还是"痒点"。

什么是"痒点"？没有办法带来直接利益或者没有办法消除严重影响的需求，就属于"痒点"。

举个简单的例子，不知道大家是否见过"自动跟随拉杆行李箱"，它可以自动跟随主人前进，人走累的时候还可以像骑摩托车一样，骑在行李箱上面前行。

假如在机场看到这样的产品，我们的反应可能会是"哇！好厉害"。

但是我们会购买这个产品吗？我想大概率不会。且不说那超出普通行李箱几倍的价格，在人来人往的公共场所里，我们真能放任自己的行李箱不在自己视线范围内吗？

类似这样的产品确实有需求，但这种需求不会导致行动。因为它仅仅是"痒点"，"挠"可以，"不挠"也可以，尤其当我们应对这种需求需要付出很大代价时，大多数人会直接选择"不挠"，毕竟"不挠"也不会带来严重后果。

"痛点"不一样，一旦我们解决了它，要么会产生最直接的利益，要么可以消除严重的影响。"痛点"和"痒点"有两个本质上的区别：

1. "痛"会导致行动。

一个人没有痛苦自然不会行动，因为行动有成本。例如一个外国客户没有"痛"，他自然不会付出那么多时间和金钱来中国参加展会。

2. "痛"能够确定预算。

例如当感冒时，由于症状并不严重，我们自然不会为解决感冒问题付出多大的代价。但假如一个人得的是大病，自然是该怎么治就怎么治，该花多少钱就花多少钱。

根据痛的程度，还可以将其分解为三个阶段：潜在的痛苦，承认的痛苦，解决方案构想。

举个简单例子帮助大家理解这三个阶段。

弗兰克是一个美国客户。他的供应商产品质量并不好，但是由于弗兰克的下线客户并没有就质量问题提出正式投诉，而且每次出现质量问题供应商的赔付也很及时，再加上在弗兰克的认知中，行业内供应商的产品质量也就这个水平，因此弗兰克对产品质量问题并没有认真对待。此时，弗兰克仅仅处于"潜在的痛苦"这个阶段，他没有感知到痛苦，或者他觉得这种痛苦可以忍受，或者他认为这种痛苦没有解决方案。

直到有一天，弗兰克的一个重要下线客户对产品质量问题表达了严重的不满，并取消了 50% 的订单。此时，弗兰克才感觉到恐慌并开始正视产品质量可能存在的问题。但他并不知道应该如何解决这个问题，所以他依然没有行动。只不过，他开始愿意付出时间跟供应商们讨论，寻求可能的方案。此时，弗兰克到达了"承认的痛苦"阶段。

经过和供应商们的讨论，弗兰克确定了解决问题的思路，那就是替换掉原产品的某个关键零部件，这个做法预计可以使产品的合格率上升 10%。此时他开始行动，给潜在供应商们发询盘，要求供应商的报价必须使用替换后的关键零部件。此时，弗兰克处于"解决方案构想"的阶段，开始积极行动尝试解决自己的痛苦。

根据这三个阶段的定义，请思考一下：当我们经过一番调查，发现原本设想的创业方向中，A 方向主要对应的客户群体处于"潜在的痛苦"阶段，B 方向主要对应的客户群体处于"承认的痛苦"阶段，C 方向主要对应的客户群体处于"解决方案构想"阶段，我们最终要选择哪个方向呢？

很多朋友可能会选择 C 方向，毕竟市场和客户都已经开始行动寻找解决方案了，成交周期一定比较短。

理论上这个方向没错，但有一个非常关键的前提：要么你是一家硬实力强大的企业，不管是产品性能还是产品成本都能够做到远超同行；要么你的销售团队非常强大，能够做到重塑客户的构想。

原因很简单，当某个行业中的客户对于某个产品已经形成非常明确的认知，清晰知道自己要的是什么样的产品时，往往意味着在供应端已经形成了充分甚至激烈的竞争。这种情况大抵等同于当大家都知道跨境电商能挣钱时，我们再入局往往已经晚了。

既然 C 方向不是一个很好的选择，尤其对于初创企业而言几乎等同于"困难模式"，那么 A 方向又如何呢？我的观点是不理想。

举个实际例子：人一旦过了 30 岁，身体会开始走下坡路。除了 30 岁是一个人身体素质的分界点，以及职场人士常存在的不规律饮食等情况外，还有一个很重要的原因，我们自从参加工作后，就很少有在户外活动并接触大自然与太阳光的机会。

但人类不可能脱离日照，太阳光对于人体健康而言非常重要。譬如要预防青少年近视，关键并不是买一台护眼台灯，而是保证青少年每天有两三个小时的户外活动，因为太阳光足够高的照度能够刺激人体多巴胺的产生并抑制眼轴变长；譬如当我们每天下午在办公室里昏昏欲睡时，假如去户外晒一会儿太阳，马上会感觉到有精神。因为太阳光里天青色波段的光能够推迟褪黑素的生成，让人更好地保持清醒。

基于太阳光对于人类的重要性，我们公司在几年前就研发出了"太阳节律照明"技术，简单来说是让 LED 照明灯能够模拟太阳光从日出到日落的光谱，甚至还能够模拟出不同经纬度的太阳光光谱。用浪漫点的说法，是让我们"即使身处钢铁森林的办公室里，也能享受到美国西海岸夏威夷的阳光"，让深受亚健康和慢性病煎熬的人们，能够感受到太阳光的温暖，实现"光疗"。

这项技术听上去很厉害，却至今都没有办法实现规模化应用。

原因很简单，绝大多数人对传统人工照明所带来的痛苦，仅仅是"潜在的痛苦"而已，就算他们感觉到身体不适，也不会认为原因是自己缺乏了日照。即使他们会找解决痛苦的方案，也大概率会找医院、健身房或者保健师。

这意味着，假如我们要将这项技术推向市场，必然要经历一段长期的市场教育过程，或者耗费大量的资源。

这对于创业公司来说并不现实，因为我们未必花得起这笔钱，也未必能够等到市场开始接受我们的那一刻。

从这个角度出发，对应身处"潜在的痛苦"阶段客户群体的 A 方向，并不适合大多数公司。在商业领域，"领先"或者"超前"有时候并不是一件好事，"先锋"很多时候往往也会变成"先烈"。

这意味着，我们的最佳选项应该是对应身处"承认的痛苦"阶段客户群体的 B 方向，尤其当市场和我们的目标客户已经开始积极寻找方案，但是尚未找到合适方案的阶段，这个时候最适合我们做市场切入。

以我为例，我之所以选择"采购代理"这个创业方向，是因为我看到许多海外客户经历了多年和工厂直接交易，由于工厂的专业程度不高带来种种麻烦与成本上升问题，这种"痛苦"让他们宁愿花钱雇用某家专业的公司，帮助他们和麻烦的工厂打交道。

最后，分享一个我曾经在网络上看到的小故事：

我有一位大哥，高中时经常在白天上课或晚自习时间去学校外面。

我问大哥："你从哪儿出去的？"

大哥说："大门口直接走出去呗。"

我很惊讶，又问道："你不怕门卫啊，要是门卫拦怎么办？"

大哥微笑着说："拦就退回去呗，又不是什么大不了的结果，不拦就走出去。"

在创业这条道路上，很多时候我们容易"想太多"，总觉得要事事规划完美才能开始行动。但创业成功本来就是小概率事件，即使规划得再完美，失败的概率也远高于成功的概率。如果我们非要追求一个完美的开始，那么就永远踏不出第一步。

对于创业者来说，很多时候勇气比智慧更加宝贵。

第 3 章

99% 的创业失败在于没做这件事

下定创业的决心，也确定了业务方向，接下来要做什么？

租办公室？发广告？打电话联系客户？干了再说？

在某种程度上，对于初创企业来说，"干了再说"确实要优于"想了再干"。原因很简单。

假设一条公式：成功＝天赋＋努力＋运气，那么在创业这件事情上，运气无疑要占据非常大的比例。"七分天注定，三分靠打拼"，无论我们再怎么努力，都基本只能在"三分"里提高成功概率（或者减少失败概率），剩余的"七分"基本不受我们的控制，要依靠社会、经济、自然环境等不受控制的"天"。

计划往往不如变化快。我在刚开始创业时，绝对想象不到公司会在 10 年后发展成今天这样的形态。不管是商业模式、创始人的信仰还是企业的使命，都是在行进过程当中一点一滴摸索，没办法计划，也不可能空想。

在创始阶段，想太多没有太大的意义。

但是，有件事情假如我们不想，等同于将一只脚放在悬崖边上，这件事情就是"财务测算"。

原因很简单。

没有这份财务测算，我们不会知道盈亏平衡点在什么地方，以及盈亏平衡要求的销售额是否符合现实情况。

没有这份财务测算，我们不会知道自己每个月要花多少钱，现有资金在最差情况之下到底能够支撑企业多长时间。

没有这份财务测算，我们不会知道在最理想的状况下，企业能够挣多少钱，以及当前我们所做的到底是不是一门好生意。

我曾经在 2006 年尝试过网络送餐的生意，短短两个月就失败了。假如我当时做了财务测算，可能根本不会开始这项业务，因为失败概率太高了。

（1）盈亏平衡点要求我每天至少要卖出 100 份盒饭，但在现有人力前提下，我根本不可能实现这个送餐数量。招人又会带来人力成本的上升，这让我陷入了"不招人挣不了钱，招了人更难挣钱"的死循环。

（2）我的创业启动资金，在没有盈利的情况下，顶多只能够支撑两个月。

（3）这门生意的投资回报率太低，即使一切都非常理想，每个月的盈利也远比不上我打工时的收入，简单来说就是"机会成本"太高。

那么，我们应该怎样做财务测算呢？首先要明确几个经济学概念。

固定成本，也称间接成本，指在一定时期和一定业务量范围内，不受业务量增减变动影响的成本，包括公司管理人员的工资、办公室的租赁费用等，属于我们每天一睁眼就得支付出去的钱。

变动成本，也称直接成本，指在相关范围内随着业务量的变动而呈线性变动的成本，包括原材料、工人工资、销售提成等。比如，生产100元的货物出来，必须投入60元的材料。在这种情况下，60元就属于直接成本。

盈亏平衡点，又称零利润点、保本点。简单来说，是当销售收入 – 固定成本 – 变动成本 =0 时，在这个节点上的销售额、单价或者销售数量。

接下来我用实际数据帮助大家理解。

假设我们是一家贸易公司，产品的进货价为40元，目标售价为60元，公司的办公室租金为5000元/月，人员工资为30 000元/月，电商平台费用分摊为3000元/月。请问：每个月需要卖出多少数量的产品，公司才能够达到盈亏平衡？

计算过程如下：

固定成本 = 5000元 + 30 000元 + 3000元 = 38 000元。

变动成本 = 40元 × 销售数量。

销售收入 = 60元 × 销售数量。

盈亏平衡时需要的销售数量 =38 000元/（60元 – 40元）=1900件。

也就是说，当售价为60元的时候，每个月最少要卖出1900件才不会亏本。

明白这几个概念后，接下来就可以开始做财务测算表了。我们用实例说明。

老板计划开始一个新项目，由你担任项目负责人，预计总投资400万元，要求项目在一年内实现1500万元的销售目标。已知产品的销售单价是10元，材料成本8元，毛利率20%。老板大手一挥，要求团队必须达到20

个人，平均基本工资 5000 元 / 月，提成系数 1%。再在市中心商业区租一个 3 万元 / 月的办公室，再加上 100 万元的推广费用预算用于参展和网络推广。假设已经没有其他费用，你觉得这个项目能不能接？应该怎么接？

根据以上数据，我们可以将财务测算表做出来（见表 3-1）。

表 3-1　财务测算表

项目	目标	盈亏平衡点	理想销量	理想价格
销售金额（元）	15 000 000.00	13 473 690.00	20 000 000.00	15 000 000.00
销售单价（元）	10.00	10.00	10.00	11.00
销售数量（件）	1 500 000	1 347 369	2 000 000	1 363 636
材料成本（元）	8.00	8.00	8.00	8.00
毛利率	20%	20%	20%	27%
毛利润（元）	3 000 000.00	2 694 738.00	4 000 000.00	4 090 909.09
固定成本（元）	2 560 000.00	2 560 000.00	2 560 000.00	2 560 000.00
提成（元）	150 000.00	134 736.90	200 000.00	150 000.00
税前利润（元）	290 000.00	1.10	1 240 000.00	1 380 909.09
投资额（元）	4 000 000.00	4 000 000.00	4 000 000.00	4 000 000.00
投资回报率	7%	0%	31%	35%

根据表 3-1，请思考以下几个问题：

1500 万元的销售目标合理吗？

团队里需要 20 个人吗？

400 万元的投资额足够吗？

这是一门好生意吗？

答案先不公布，请大家边看书边琢磨。

另外，我们在做财务测算时肯定会遇到一个难题：涉及成本的数据还好说，涉及销售的数据应该如何判断？

尤其是 B2B 业务，企业很有可能在 1～11 月都没有订单，12 月突然来了个大客户，下了一张几百个货柜的大订单，直接帮助企业完成了全年的销售任务。

确实，许多公司有依靠着几个大客户得到飞速发展这种情况。但我们做规划时，绝对不能将命运托付给某个可能下单的大客户，或者托付给运气。

成功无疑包含运气，但我们在规划时，必须将运气的成分完全排除在外，正如我在公司里常说的那一句话："成功是设计出来的。"

判断销售数据，我们可以从这个公式入手：销售额 = 流量 × 转化率 × 客单价 × 平均数量

所谓流量，指有多少客户进入我们的"销售漏斗"。

所谓转化率，指进入漏斗的客户有多少最终完成了订单。

所谓客单价，指完成订单的客户以什么样的价格和我们成交。

所谓平均数量，指单个客户的年平均采购数量。

假设盈亏平衡点的销售额是 1500 万元，客单价是 10 元，单个客户普遍年采购数量是 10 000 件，这意味着有 150 个成交订单才不会亏钱。假如从商机到订单的转化率为 10%，意味着我需要 1500 个商机。

根据合格商机的定义：

客户有较清晰的需求。

客户有较明确的预算。

能联系上关键决策人。

我们可以衡量一下，基于销售线索的现今存量和未来增量，在当前的推广预算下，拿下 1500 个商机，以及转化 150 个客户，是否现实？

所以，假如我们在创业前做过比较科学的财务测算，有可能我们根本不会开始这门生意，因为数据会告诉我们，成功的希望实在是太渺茫了。

明知道一件事情的成功概率低到几乎不可能实现，还去做的话，这不叫创业，叫赌博。

最后，在做了财务测算后，当发现自己的经济实力可能会扛不住风险时，很多人的选择往往是找一个合伙人与自己同行，帮助自己分担创业路上可能存在的风险，或者和自己相互打气。

这往往会带来另外一个严重的问题，也是本书第4章要讲的内容。

第 4 章

合伙创业：合伙容易，合作很难

　　我在刚刚辞职的前半年里，一度感到非常彷徨和焦虑，几次想着放弃创业回归职场。每天早上满怀期望打开电脑，但看到依然空空如也的邮箱，以及每天手机短信提示我正在不断变少的银行存款，我感觉到非常煎熬。于是，我产生了一个念头：找一个合伙人。这样在困难时双方可以互相打气、互相鼓励。即使最终创业失败了，也有人和自己共同承担后果。

　　说干就干，我辗转找到老东家一位不太熟的同事。恰好他也刚刚辞职准备创业，我们相约在咖啡厅聊了一次之后，一拍即合决定合伙，其实说是"搭台"更加合适一些。双方约定各自处理订单，利润不共享，但两人共用一个公司平台，费用均摊。

　　然后，他负责注册公司，我掌管银行账户，正式开干。

　　"共患难容易，同富贵太难。"在没有订单时，什么事情都好说。公司的营业执照上只有他的名字，我不介意；银行账户绑定的两个 U 盾都在我的手上，他不介意。可是随着时间的推移，订单的增多，问题开始出现了。或者说不是问题出现，而是我俩的心思开始发生变化。

例如，公司以他的名义注册，一开始我俩都没有多想，觉得这样最简单。可渐渐我开始有了异样心思，公司大部分的订单都是我的，但公司名义上却是他的，这是不是不太合理？甚至有时候我还怀疑对方当初注册公司时，是不是存了什么小心思，否则为什么不把我的名字也列进营业执照呢？

另外，之所以银行账户绑定的两个 U 盾都在我手上，是因为当时的业务主要来自我的订单，但每次转账给供应商时都需要找他审核，实在太麻烦了，于是他索性把他手中的 U 盾给了我。但后来随着他也开始有了订单，每次转账都要找我时，说不定他也有类似的想法，觉得"我的钱为什么要别人审批"。

事实上，这是人性中无论如何都消除不了的"自利性偏差"，多数人心里想得更多的永远是自己。例如你借钱给朋友而朋友长期不还时，在朋友的眼中可能是"无力偿还只能拖欠，大家都是朋友，你应该懂我"。可是在你的眼中却有可能成为恶意拖欠——"大家都是朋友，你居然好意思这样对我"。

日子就这样微妙发展着。随着"我的合伙人"计划卖掉他在顺德的房产回老家发展，我意识到我俩之间的这种合伙状态可能很难再维持下去了。于是我注册了新的公司和银行账户，然后把原来公司的银行 U 盾寄给他，正式宣告这段关系的结束。我们"和平分手"，我猜想他可能也已经厌倦了这种合伙关系。

多年之后回顾这段经历时，我最深刻的感受是：除非必要，否则真的不要合伙创业。

为什么很多人都会有合伙创业的想法呢？

人天生是群居的生物。在黑暗中独行，遇到什么事情时连一个可以商量的人都没有，这样的事情想想都不寒而栗——这是情感上的诉求。

每个人的能力雷达不一样。假如双方能力互补，例如营销导向型的人和技术导向型的人搭档，可以走得更快——这是能力上的诉求。

想要合伙人跟自己一块承担责任与支出，这样即使最终创业失败也不至于"伤筋动骨"——这是风险规避上的诉求。

但是，合伙创业为什么那么容易失败呢？除了创业成功本来就是一个小概率事件外，我认为还有如下三点原因。

1. 认知的差异与价值观的冲突。

一千个人眼中有一千个哈姆雷特。每个人的能力、经历和受教育程度都不一样，这种经历的差异会导致认知与价值观的差异，使人在认定事物、分辨是非的标准上，很难一致。举个简单的例子：在看待加班这件事情上，有些人视为"洪水猛兽"，认为生活跟工作应该有严格的时间界限；而有些人则毫不在意，觉得自己做的工作越多，成长自然越快。这两种看法并没有孰对孰错之分，仅仅是认知与价值观不同而已。

另外，价值观是人们在成长经历中逐渐形成的，除非人生经历重大变故，否则几乎不会改变。譬如我的母亲认为"燕窝是好东西，冬虫夏草是好东西，鱼翅是好东西，你不吃就是个傻孩子"，且这种认知根深蒂固。即使我每天给她发送科普文章，告诉她吃燕窝对于健康其实并没有那么大的帮助，她会相信吗？不会的，人们从来只相信他们愿意相信的事情。

而且，价值观很难通过细节做判断。例如：你能通过某员工拒绝加班这件事情，就判断他没有事业心，没有上进心吗？你能通过某员工在参展后向你要求调休这件事情，就判断对方斤斤计较吗？

不能！

人是非常复杂的生物，要真正对一个人的价值观有深入的了解，只有两种方式：要么经过长时间的相处，要么观察对方在面对大是大非时的抉择。

2. 搞混了个人情感和工作关系。

基于"信任"的考虑，许多人在选择合伙人时，会优先考虑亲戚或认识多年的朋友。但这种做法有着严重的问题，私人情感和工作关系的混淆，往往会带来如下问题。

第一，"他是个好人，我很喜欢他，但一起工作后，却发现什么都变了"。

我有几个交往了二十余年的老朋友，感情一直很好，小时候也满腔热血地说过"长大后我们几兄弟要携手共创一番大事业"。但是长大之后，大家渐渐冷静了下来，因为我们相互之间基本不存在共事的可能性。譬如在我眼中，某个朋友的执行力几乎为零，每次他说要来顺德看我，我都不用事先做招待计划，因为他最终十有八九不会真的过来；在老朋友的眼中，我这个人可能过分较真，缺乏人情味，处理什么事情都"硬邦邦"的。

能够清楚看到这一点其实是好事，最怕一时冲动让朋友关系混上同事关系，最终同事做不好，朋友也没得做了。

第二，"面对利益，我们到底是遵循商业原则，还是按照人情规则？"

朋友，可以不计成本地付出，可是商业不一样，在商业世界里我们永远讲究有条件地交换。

举个例子，你跟朋友一起旅行。不管是路线规划、游玩向导还是吃住安排都由你一个人负责，难道你会在最终结算旅游费用时说"不能够采取总费用平摊这种方式，还得核算我的劳务费用"？不会的，作为朋友，你不会计较那么多。

可是在商业世界里，假如你和朋友各出 50 万元合伙创业。你当 CEO，朋友当甩手掌柜，收益却五五分，那就是一种严重的不合理。但基于朋友感情，谁会在一开始时就说"不行，得给我的劳动支付工资"？从内敛的中国人口中，对朋友说出这种赤裸裸利益分配的话，很难。

所以我认为，不管寻找合伙人还是合作者，都应该首先考虑双方的价值观是否一致，其次考虑双方的能力是否互补，最后才轮到考虑相互之间是否"喜欢"。可以因长期共事产生私人感情而成为朋友，尽量不将朋友变成同事，个人关系无论如何都不能凌驾于商业关系之上。

3. 合伙创业时无论如何都避免不了的利益冲突。

在自利性偏差的引导下，人往往会认为自己比他人优秀，很容易出现"我的收获与付出不成比例"这样的念头。譬如："活都是我干的，订单都是我拿的，凭啥你什么都不干，还能躺着收钱？"

在一开始合伙创业，双方都在全力拼搏，以及根本没有什么钱赚时，这种想法可能没有滋生的土壤。一旦公司上轨道开始挣钱了，合伙双方接下来的发展步调开始发生不一致，各种各样的分歧就会增多。

中国人多数内敛，不习惯直白地说出口，觉得"情况这么明显你应该会懂，既然你懂但你不做，证明你这个人已经变了。既然你已经变了，那你不仁我不义，接下来我要做什么你也别怪我不客气了"，等等。

在足够大的利益面前，很少有人真的能够始终坚守创业的初心。

综上，我认为合伙创业不是一个最优选项。要找到价值观一致、能力互补、对待利益不看重、对待得失不着急的合伙人，这样的概率有多低，我们不需要计算器都能够算出来。

正因为找到优秀合伙人这件事情很"困难",人们退而求其次在"意向"上做起文章。也就是说,在选择合伙人时,往往考虑的并不是对方是否匹配,而是对方是否愿意。

什么意思?例如许多人在给供应商发询盘的时候,考虑的并不是对方到底有没有实力做你的供应商,而是对方一旦快速响应,并表现出想和你合作的渴望,你就觉得对方是个"好供应商"。

这一点,真的非常不好。

第 5 章

假如非要合伙创业，请警惕这三个常见错误

假如必须合伙，我们可以怎么做？

先分享一个真实案例：

我的朋友大飞在创业早期时，觉得自己是业务导向型的人，欠缺生产和供应链管理方面的能力。为了补全短板，他邀请了一位开工厂的朋友入股，给予对方 20% 股权。

大飞的想法很简单："对方基于自己的利益考虑，一定会以最优惠的价格、最高级的质量给公司供货。"

结果却完全不是他想象中那样，在实际的业务当中，合伙人的供货价格不比外面的工厂低，对于产品的质量管控也不上心。

大飞指责对方没有履行合伙人的义务，对方却说："这个项目我是当成

投资来做的，该出的钱一分都没少，还要我承担什么义务？"

最后，大飞除了操心供应链管理的事情外，还多了一项烦恼：如何让这位股东退出公司？

在这个案例中，大飞犯了三个错误：

合伙之前，没有明确合伙人概念。
合伙之前，没有明确合伙四象限。
合伙之前，没有书面落实合伙机制。

到底什么是合伙人？简单来说，既有创业能力，又有创业心态，同时能全身心投入一段较长时间的工作（譬如 3 ~ 5 年）的人，才能称为合伙人。

合伙人之间是一种长期的、深度绑定的强关系。这意味着，如下两种人并不能称为创业合伙人。

第一种人，**资源承诺者**，譬如承诺提供人脉资源、管理资源、客户资源、供应链资源，乃至金钱资源，但是并不参与创业过程的人。

第二种人，**兼职创业者**，譬如白天忙自己的工作，晚上再忙和你的工作，或者"我先兼职干着，公司发展好了我再辞职过来"的人。

对于这两种类型的人，可以做利益绑定，譬如给予对方固定工资、项目分红、销售提成。但是，慎重给予他们公司股份，"合伙人"这三个字更是提都不要提。

我就经历过类似的事情，一个项目里有 7 个股东，更要命的是这 7 个股东里，一个全职创业的都没有，但凡有什么工作，大家都觉得自己不应该是主要负责人，"我最近工作很忙，你找 ×× 吧，他应该比较有时间做这件事情"。

最终的结局，可想而知。

所以再次强调：合伙人之间是一种长期的、深度绑定的强关系。只想出钱不出力的不叫合伙人，叫投资人。

什么是合伙四象限？它们分别是：

我需要什么？

我能给什么？

你需要什么？

你能给什么？

这四个象限能够两两形成互补是有效合伙的前提，"我需要的刚好是你能给的，我能给的正好是你需要的"。

分享另外一个真实案例：

小琼是一名创业者，经营着一家小型贸易公司，公司成立两年来运转良好。老李则是小琼之前的老板，实力雄厚。小琼离职之后，跟老李的交情保持得不错。

有一天，老李找小琼吃饭，说："小琼啊，你这样下去事业很难做大。要不这样吧，我入股你公司，你把 60% 股权卖给我，我们一起把这家公司做大吧。"

有人想要入股自己公司当然是好事，证明自己正在干的事业有价值。但请深入思考一下：

1. 小琼需要的是钱吗？

老李财力雄厚，钱对他来说是一项成本很低的资源，因此他可以轻易地拿出钱来。

但问题是小琼需要的是钱吗？并不是。在当前阶段她并不缺乏稳定发展的现金流，她更加需要的是供应链管理的资源。即使小琼最终选择和老李合作，也是看中了老李能够在这一点上帮助她补全短板。

2. 老李为什么投资小琼？

对此小琼并没有足够的自信。她觉得，老李之所以想投资她，可能是以为她现在混得并不好，想帮衬一下。

但是，从商业层面考虑，我认为这种情况可能性很低。对于成熟商人来说，任何一项投资都必然有某些期望中的利益，假如老李只是觉得小琼混得不好，那为什么不干脆叫小琼回去上班呢？这意味着，老李想投资小琼的公司，必然是小琼身上有老李想要的东西：小琼要么可以增强老李的长板，要么可以补全老李的短板。

假如在合伙之前不确认清楚这一点，一旦正式合伙之后，小琼不能把老李的期望落地，那么双方的关系势必会产生裂缝。

从以上两个问题出发，他们二人在诉求上并不清晰，在能够提供的资源上也并不对等，贸然合伙的失败概率其实相当高。

最后，要书面落实合伙的各项机制（尤其是退出机制）。

大部分创业者在选择合伙人的时候，都会优先考虑私人关系较为紧密的人。

这带来了一个非常大的问题。"先小人，后君子"的话，双方都说不出口，总觉得大家既然已经这么熟了，有些话假如说得太明白，会显得俗，显得自己太计较。

但是，人的想法很容易发生变化。

譬如我经常和采购岗位的同事说："永远不要相信供应商的口头承诺。"

例如供应商拍着胸脯说"没问题的，25 天肯定可以交货，相信我吧，我从来不骗人"，结果一直拖到 35 天还交不了货，是他一开始就有骗人的心思吗？

未必。可能在他许诺的那一刻，货期确实是 25 天，也可能是他自以为可以做到 25 天，但其实根本办不到。假如承诺只停留在口头而没有立足于合同，那么他可能只会苦着脸说："我真没办法，工厂缺物料我也很着急，已经在努力催促，我保证，下不为例。"

任何承诺都一定要落到纸面上，同时说明假如承诺无法达成时的后果，合伙创业也一样。

各方的权利是什么？

各方的义务是什么？

违反协议的后果是什么？

在什么情况下，需要给予创始人团队多少的工资补回？

在什么情况下，需要怎样开放期权池以吸引新进人才？

在什么情况下，谁必须以什么样的价格出让股权并退出？

在什么情况下，股东必须以什么样的价格追加股份投资？

这些必须在正式合伙之前统统商定清楚，并以协议书的形式落实到纸面上。尤其是退出机制，毕竟"请神容易送神难"。

综合上述，在我们不得不与人合伙的时候，请务必明确合伙人概念、合伙四象限，并将双方的权利义务落实到纸面。此外，我还有下面几点建议：

1."先恋爱，再结婚。"

先合作一段时间，至少先确认双方是否真的合得来，或者签署协议，约定双方在达到什么目标时，A 无条件以什么价格转让多少股权。

2. 警惕沉没成本，当断则断。

假如双方真的已经没办法继续走下去，但你对公司的未来还抱有期望，那么即使需要溢价，也请咬咬牙将对方的股权买回来。

3. 慎重做好股权设计。

对于合伙创业的公司来说，什么样的股权比例比较合理呢？

我的观点是：

（1）"我"的股权上限，要能够保证"你"的工作积极性；"我"的股权下限，要能够保证"我"的工作积极性。

也就是说，假如其中一方的股权比例过高，很有可能导致另外一方只将这场合作看成一笔投资，而不是一项事业。

譬如之前关于大飞的案例中，仅仅出让 20% 股权，可能并不具备让对方产生贡献自己供应链资源的动力。

（2）创始人的股权比例，必须能够保障自身的主导权，不能出现投资人的股权比例反而比创始人团队更高的情况。

在创业这条道路上，"出钱的人"永远没有"出力的人"重要。

第 6 章
我的产品是什么

什么岗位出身的人，更容易创业成功呢？

第一个岗位毫无疑问是销售岗，因为这个岗位出身的人，能够解决创业公司最急需的订单问题。至于第二个岗位，我认为应该是产品岗，原因很简单：在供方和需方的眼中，对"产品"概念的认知是截然不同的。一家公司没有产品经理，很难在市场和供应之间架起桥梁。

假如你问卖叉车的销售人员："你卖的是什么？"他可能会望着旁边的叉车，心里想着："你眼睛有问题吗？"

可当你问买叉车的客户："你买的是什么？"他可能会说："我买的是物流效率的提升，以及仓储的科学陈列。"

这是买方和卖方在认知层面的区别。

在许多人看来，产品是能够看得见、摸得着的某种物品，例如空调、微波炉、LED 灯，以及这些大物品里面的半成品或零部件。事实上，真正意义上的"产品"应该是能够满足市场需求的任何有形物品和无形服务，是解决某个问题、满足某种需求以及创造某种价值的方案的载体，一台电视机固然是产品，一套手机软件当然也是，一套家居设计方案也未必不能称为产品。

更关键的是，销售产品的组织和个人为其所附加的所有服务，也属于产品的一部分。

假如不懂得产品的真正概念，很容易导致两个致命的错误：

一是将"产品"和"需求"割裂开来。产品设计和开发成为工程师的实验室工作，销售人员看不到客户购买的并不是产品本身，而是解决客户实际问题的方案。

二是将"物品"和"服务"割裂开来。销售人员认为产品只是一堆冷冰冰的零部件组合，和竞争对手的没有什么两样，而看不到即使产品本身一样，卖产品的人也不一样。

有一句非常著名的话：**"顾客购买的不是钻头，而是墙上的洞。"**

对于客户来说，他要的是某种最终的效果，购买某种产品不过是他达到这个效果的其中一种手段而已。例如，当他想要在墙上开一个洞时，他可以选择买钻头然后自己开洞，也可以选择打电话让服务人员帮忙开洞。这意味着客户的选项非常多，关键在于哪个选项能够以更低的成本和更好的效果来满足他，这是一个投资回报率的问题。

可以发现，钻头的质量多好以及转速多高，这些信息对于客户来说其实并不重要，因为他在意的根本不是钻头，而是钻头带来的洞。他甚至连洞都不关心，而是关心钻了洞之后如何把物品安装上去。

真正意义上的"产品"有着五个层次的概念，分别是：核心产品、形式产品、期望产品、延伸产品和潜在产品。

这意味着在创业的过程当中，我们必须考虑这五个问题：

产品的核心效用是什么？

核心效用的载体是什么？

客户或用户期望获得什么？

客户或用户最终获得的是什么？

客户或用户未来还能获得什么？

什么是核心效用以及核心效用的载体？还是借用"顾客购买的不是钻头，而是墙上的洞"这句话，"洞"是产品的核心效用，"钻头"则是核心效用的载体。

这意味着，表面上我们的产品是"钻头"，但实际上我们应该着眼的是"洞"，是如何更快、更好、更便宜地帮助客户把"洞"的需求实现。

单纯盯着产品本身没有意义，即使实现产品的性能和质量比同行好100倍也不见得就能为企业创造大的价值。假如我们的眼睛只看到"钻头"而看不到"洞"，企业的日子只会越来越艰难。我曾经拜访过一家生产餐垫的工厂，他们产品的质量水平很棒，单是外观上的花纹细致度就是其他厂商完全无法比的。

这家企业顶峰时的年营业额大概是700万美元，但近些年的销售额却不断下降，到现在连300万美元都不到。为什么？

原因很简单，他们的产品成本远远高于同行，高于一些产品质量很差但价格很便宜的同行。

工厂老板也犹豫过要不要采用价格低一些的原材料，但左思右想后还是放弃了这个念头，因为他觉得："我必须坚守质量。"理论上坚守质量没有错，但质量从来都是和需求以及成本相挂钩的，被市场需要的质量才是真正的质量，市场愿意且能够支付的质量才是真正的质量。区区一个餐垫而已，有多少用户会需要这么好的质量呢？有多少用户会为此支付这么高的成本呢？不被市场接受的质量不是"好质量"，而是"质量过剩"。

归根结底，这家工厂搞混了产品的核心效用以及核心效用的载体，只将力气花在载体本身，却没有思考市场是否需要这种核心效用，以及市场是否愿意为这种核心效用付费。

想了解客户和用户到底期望获得什么，需要先理解一个概念：**消费者剩余**。

消费者剩余是英国经济学家马歇尔在《经济学原理》中提出来的，意思是买方愿意支付的最高价格减去实际支付的价格，剩下的就是消费者剩余。

例如，我是空调销售商，产品售价100美元/台。A客户跟我的关系很好，也很了解我的产品，他认为我的空调至少值150美元，那么对于A客户来说，消费者剩余是50美元；B客户讨厌我，他认为我的空调和其他工厂的产品毫无差别，顶多值110美元，那么对于B客户来说，消费者剩余是10美元。

假如客户的消费者剩余为0，他不可能向你购买。假如客户对你产品的消费者剩余比对别家产品的低，他也不可能向你购买。

要增加消费者剩余，一般有两种做法：

提高客户愿意支付的最高价格，也就是提高客户对于产品的心理预期。

减少客户实际支付的价格，也就是降低利润或者降低成本。

在理解了消费者剩余这个概念后,再重新看客户或用户到底期望获得什么,我们的思路就会变得清晰:产品能够给客户带来什么价值固然重要,但在客户的认知当中,他是否认可这种价值呢?

以图 6-1 为例:

图 6-1　客户认可的价值,才是真正的价值

左边销售人员的下方是坚实的"售后服务""生产管控""优质原料""先进设备",而右边销售人员的下方只有一根摇摇欲坠的柱子,可是当客户根本看不到大家脚下的这些东西时(毕竟客户并不容易识别这些因素),他又怎么会多花钱去跟左边的销售购买呢?他只会觉得:"你们双方的产品都一样。"

在产品开发时,假如我们没办法让客户或用户在很短的时间内理解产品对他的价值,这往往意味着我们产品的市场教育成本会很高。营销人员和销售人员将不得不花费大量的时间、精力和资源去告诉市场"这是什么"以及"它可以带给你什么价值"。

客户或用户最终获得的是什么？客户或用户收获的真的是产品，或者说真的只有产品吗？

答案是否定的。下面以紫外线消杀棒为例进行解释。

从专业的角度，紫外线消杀棒是"智商税产品"，因为以它的紫外线辐射强度，即使在近距离使用时，也至少需要十几分钟才能完成某个固定点的消杀。而消费者在实际使用时，顶多将其开启数分钟。但是，这并不意味着紫外线消杀棒没有用，即使它对于用户并没有生理上的真正价值，但能够给用户带去心理安慰，让使用者不再感觉过分焦虑和紧张。"安慰剂也是药"，心理安慰对于客户或用户而言也是一种价值获得。

客户或用户最终获得的价值不会只是产品本身的功效。我们在设计产品时必须思考一个问题：除了产品本身，我们是否还可以赋予一些别的东西，让"大产品"的概念能够更加丰满，也更能实现差异化？

我的观点是："服务"应该是我们优先考虑的要素。

谈到服务，大家很容易想起"客户虐我千百遍，我待客户如初恋"，但这句话代表的仅是态度，而非服务。真正的服务，是能够给客户创造价值的，例如：

给客户60天的财务账期，是服务。

比其他供应商更懂得客户的需求，是服务。

给客户多样化的设计选择，也是服务。

这些服务层面的因素，能够让我们的产品更加丰满，更加具有差异化特性。

最后谈谈客户在未来可以获得什么。

在B2B业务领域，越来越多的企业倾向采用"战略采购"的策略，这种策略有一个非常重要的特征：使采购商与供应商的关系从短期交易发展为长期合作。

这意味着，作为供应商的我们在开发产品时，不应该只盯在产品可以解决今天的什么问题上，还要考虑产品在未来有哪些升级空间，并且将这个信息不断传递给客户，而不是想着赚一波快钱。只有这样，才能延长产品的生命周期，并且让客户有信心、有兴趣跟我们进行长期合作。

譬如在刚开始阶段，先用最低的成本做一款能够满足客户核心需求的"最小可用品"。随着我们对市场和客户的需求有越来越深的了解，再迅速地进行产品升级迭代，并且不断地将这些信息传递给客户。目的是除了让对方能够清楚"未来产品"外，还可以通过客户给予我们的市场反馈，去指引下一步的产品开发动作，而不是一开始就"闭门造车"，期望做一款完美的产品出来。

在这种情况下，客户会对我们有期待，甚至还会主动参与到产品的研发工作中来。

以上，就是作为创业者，对于"我的产品到底是什么？"这个问题必须进行的深入思考。

最后，到底什么是产品知识？我们怎么样才能够成为一名产品专家？

在许多人的认知中，可能觉得产品知识就是产品的性能、尺寸、重量以及应用场景……曾经的我也一样。刚开始创业时我虽然每天都在和客户与供应商进行产品方面的沟通，例如沟通这个产品要用什么材料，那个型号要做多大尺寸，这个品类要如何包装……但从来没有思考："为什么要用这种材料？为什么要定这个尺寸？为什么要做这种包装？"

多年之后当我深入思考"到底什么是产品知识？"这个问题时，我更加倾向于将它理解为："一个产品是如何从无到有生产出来的，且如何应用到实际，并给人们带来什么样的价值？"从这个角度出发，我们看到的不能只是产品本身，还需要往供应链的两头延伸。

例如看待 LED 路灯这款产品时，我们不能只了解这款路灯的光通量、光效、色显、配光角度、重量、尺寸、包装等，还应该了解它的光源、电源、散热器、透镜等，甚至还需要往上游了解芯片、铝材、玻璃、电路等半成品或原材料。与此同时，还需要看到供应链下游的光学设计、配套安装、物流配送、使用体验等。只有这样我们才算是真正掌握了整个链条的产品流，才能够持续不断地为提升产品在链条中的价值、降低产品在流通过程中的成本而提出切实可行的解决方案。

所以事实上，产品真的是工程师做出来的吗？不，产品其实是产品经理做出来的，只不过借助了工程师的手来实现这个过程罢了。

而所有的创业者，本来就应该是销售经理与产品经理的结合。

第 7 章

我的客户在哪里

常言道:"酒香不怕巷子深。"在许多人的认知中,总觉得:"只要我能做出一款好产品,就不需要担心没有销路,总会有客户源源不断找上门。"

事实上这种认知有偏差,原因很简单:

产品本来就和需求紧密联系在一起,假如在开发产品阶段我们没能将目标客户确定下来,或者没能在早期和部分目标客户达成共识,我们不可能真正开发出一个好产品。

"信息大爆炸"时代,客户的选择太多了。假如说开发产品是一种价值创造,那么销售产品就是一种价值传播。再好的产品假如缺乏了触达客户的流通渠道,又有什么意义?

为什么说销售岗位出身的人更容易创业成功?因为这个群体往往更

懂得谁才是目标客户，应该如何找到他们，以及应该如何拿下目标客户的订单。

那么，到底谁才是目标客户呢？

有朋友可能会说："创业初期，但凡对我们产品感兴趣的都是客户，但凡愿意跟我合作的都必须接单，哪里需要区分什么目标客户。"

这种认知是有偏差的。举个例子，假如一名出租车司机很缺钱，他应该有选择地接客，还是什么客人都接呢？

表面上看缺钱的人当然需要更努力工作，需要接待更多的客人。但是请我们深入思考一下：到底是专门服务那些长途客人赚得比较多，还是什么客人都不挑，但每一单可能都是起步价，然后还要浪费时间在等待和空跑上赚得比较多呢？

我相信大多数人的答案是前者。

尤其对于创业者而言，受企业资源的限制我们永远做不到让所有的客户都满意，也不可能确保自己的产品和方案可以满足所有人的需求。在这种情况下，与其将许多精力和时间耗费在不可能和我们成交，或者即使成交了也会对我们的产品和方案感到不满意的客户身上，倒不如一开始就将所有的资源投放在某一个群体的客户身上。

这一个群体的客户，就是我们的目标客户。圈定目标客户的过程，我们称为客户画像。

我们应该怎样做客户画像呢？

通过如下三个维度：

营销领域，企业客户画像。

营销领域，终端用户画像。

销售领域，决策团队画像。

每一个维度，又可以分为三个层次：

1. 元数据。

所谓元数据，简单来说是客户的属性。

企业客户画像里的：企业规模、发展历史、公司形态（私营企业、国有企业、上市企业等）、渠道属性（进口商、经销商、批发商、零售商等）、下线客户属性等。

终端用户画像里的：性别、年龄、地域、学历、收入等。

决策团队画像里的：性别、年龄、职位、学历、从业经历等。

所有涉及固有属性的信息，都属于元数据，其特点是稳定性强，不改变或者改变的速度缓慢。

2. 行为数据。

所谓行为数据，简单来说是确定客户的行为特点是什么。

企业进行销售的方式，到底是以传统线下销售为主，以电子商务为主，还是以电视购物为主（企业客户画像）。

终端用户购买的方式，到底是以现金支付为主，以分期付款为主，还是有政府进行补贴（终端用户画像）。

开发新供应商的方式，到底是习惯线上 B2B 平台，还是习惯线下（决策团队画像）。

所有和行为有关的信息，都属于行为数据，其特点是容易获取、跟踪、分析和识别。

3. 态度数据。

所谓态度属性，简单来说是客户行为背后的动机和偏好。需要注意，企业客户是没有态度数据的（正如同企业客户没有动机，只有人才会有动机）。

譬如我们不能说某个企业客户的态度数据是价格导向型，只能说由于其终端用户或者决策团队的采购偏好（这点才能够称为态度数据），导致这家企业的采购行为以价格为导向。

不管是品牌偏好、价格偏好还是消费观念、购买动机、价值观等，这些都属于导致行为数据的态度数据，其特点是：不容易获取、跟踪、分析和识别，很多时候需要借助销售的力量去实际接触客户才能发现。譬如当一个采购决策人认为B2B平台对于开发新供应商已经不具备效用时，他不会产生浏览平台的行为；但是，不浏览B2B平台不仅是因为这个动机，还可能是因为不了解这个平台，只有营销和销售人员实际接触了客户后才能知道。

当把企业客户、终端用户和决策团队在元数据、行为数据和态度数据等维度的信息综合起来之后，我们就能够获取一个完整的客户画像，从而知道应该去哪里找他们，不管是线下展会还是线上平台，不管是主动开发还是被动营销。

主动开发以及被动营销获取的客户有什么本质上的区别吗？

前者获取的客户大多数是"非活跃客户"，而后者获取的客户大多数是"活跃客户"。

所谓活跃客户，是已经开始积极寻找解决方案的客户，他可能会去展会，可能会浏览B2B平台，也可能会通过搜索引擎工具搜索供应商，然后明确地告诉供应商："我需要某某规格的某某产品，你直接报价吧。"就如同当我们要买某个商品时，我们会主动登录天猫、淘宝、京东等电商平台。对于这种类型的客户，我们一般需要通过营销手段来获取。

而非活跃客户，则是尚未发现问题或机会，或者已经发现了问题或机会，但是还没有"痛"的客户。这种客户的特征是当我们找上门时，他可能会说"我不需要"或者"我已经有稳定供应商了"，甚至直接挂断我们的电话。

按照多数人的思维，会觉得活跃客户才是好客户，"他都给我发询盘了，证明有成交的可能性""他的要求都这么明确了，证明对方专业"。然而很遗憾，这种认知是有偏差的。

原因很简单：

1. 对于活跃客户来说，你是对方的"Company A"的可能性比较低，机会虽然有，但竞争也一样激烈。

所谓Company A，指在客户的需求尚未明确时就介入，引导或设计了客户需求，并一直参与在客户采购流程中的公司。

举个例子，你一直很喜欢奔驰品牌，但基于货比三家的原则，你还是看了宝马和奥迪。越看越是加深了你对奔驰的喜爱，越看你越觉得宝马不如奔驰舒适，奥迪不如奔驰尊贵，买奔驰一定是最好的选择。此时，奔驰就是你的Company A，宝马和奥迪俗称"陪跑"。

一个活跃客户让你发报价，其实有很大概率只是为了拿你的信息与自己的Company A做比较。即使你的价格比客户心目中的Company A更低，客户也大概率会认为"那应该是这家公司的质量比较差吧，否则为什么价格会那么低呢"。

更何况，活跃客户一般需要通过营销手段获取，但对于创业公司来说，又有多少资源可以用于推广呢？就算真的斥巨资拿到客户线索，我们的企业实力又是否能够将这些客户线索推动到订单转化？

2. 活跃客户和非活跃客户的数量对比，大概是10%∶90%。我们能够接触到的活跃客户只是很少的一部分，绝大多数的客户其实都处于"睡眠"状态。

"睡眠客户"并非没有需求，他们只是处于"隐含需求"的状态。举个例子：我曾经觉得月薪3500元"已经很高"了，因为我当时住在朋友家，每天除了盒饭之外没有其他消费。每个月工资都能剩下2000元，完全不知道应该怎么花，因此我根本没有努力工作挣多点钱的动力。但这并不意味着挣钱对我来说不重要，只不过我尚且意识不到它的重要性。直到我没办法继续住在朋友家，必须自己租房子，每个月多了一笔固定支出，生活开始发生改变，隐含需求才开始转化为显性需求。于是我不得不去找更多订单，挣更多提成。

这个道理在商业社会也一样，非活跃客户真的没有需求吗？真的不需要新的供应商介入吗？答案是否定的，客户的需求一直存在，无论是获取更高的销量、更多的利润、更低的成本，还是更好的产品，只不过他需要销售去引导和挖掘他的需求罢了，或者将他的隐性需求变成显性需求。而一旦我们成功做到这一步，我们就会是对方的 Company A，地位无法轻易被撼动。

综合上述，活跃客户满足短期利益，成交速度快但是难；非活跃客户满足长期利益，成交速度慢但是稳，这对销售转化能力提出了比较高的要求。正因为非活跃客户的成交速度慢且能力要求高，大多数人会选择放弃这部分客户，可这往往意味着，我们放弃了90%的"江山"。

不过对于绝大多数企业来说，其实不是它们主观想要放弃这占据客户总量90%的非活跃客户，而是它们客观上并不具备转化非活跃客户的销售能力。

什么是销售能力？

有人认为"客户虐我千百遍，我待客户如初恋"是销售能力，其实这只是一种态度。

有人认为勇闯、敢拼和坚持是销售能力，其实这只是一种精神。

有人认为会"逼单"是一种销售能力，"再不下单明天就要涨价"等，其实这只是一种套路。

有人认为能说会道是一种销售能力，其实这只是销售的初级阶段。

甚至还有人认为能"忽悠"客户是一种销售能力，例如原本只值30元的东西能哄客户用60元拿下就是"销售能力强"。但事实上这更不是销售能力，本质上这叫欺骗。

真正的销售能力，其实是一套完整的逻辑，它可以细分为如下几个方面：

筛选并评估客户价值的能力。

破冰并建立客户信任的能力。

挖掘并引导客户需求的能力。

匹配并呈现客户方案的能力。

评估并解决客户顾虑的能力。

这套逻辑跟客户的采购流程息息相关。

所谓采购流程，指参与采购决策的角色们（批准者、决策者、影响者、执行者）决定到底将订单下给谁的决策过程，主要反映采购者们的心理关注点变化，并且推动着采购程序的发展。它既不公开也不透明，但几乎每家公司的采购决策流程都遵循着相同的逻辑。这意味着，只要我们能够抓住这套底层逻辑，就等同于掌握了一套可复制的订单成交方法。

下图这张来自世界顶级大师尼尔·雷克汉姆的"采购三阶段",就是其中一种典型的采购流程(见图7-1)。

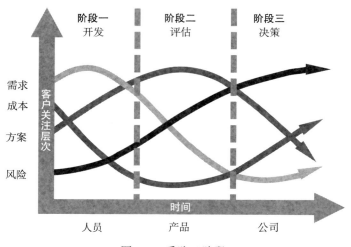

图 7-1 采购三阶段

这张图的意思是:

客户从有朦胧的想法到最终确定采购总是需要经过三个阶段,分别是需求开发、评估和决策。

在这三个采购阶段中,客户的关注重点一直在发生变化。例如阶段一时,最关注"需求",不关心"风险";阶段三时,则最关心"风险",不关心"需求"。

在这三个采购阶段中,阶段一需要供应商的销售人员帮助客户挖掘"需求",阶段二需要供应商提供产品用于客户的可行性方案"评估",阶段三需要供应商整体公司实力足够强以帮助客户减少"风险"。

在采购三阶段的基础上,我们可以将客户的采购流程做进一步细分。

未意识到需求阶段：尽管需求时时刻刻都存在，但客户意识不到自己的需求。

处于隐含需求阶段：客户处于隐含需求阶段，开始对现状感到不满，但未必会采取行动。

开始感觉痛苦阶段：现状即将或开始造成巨大影响，客户感觉到痛，并意识到改变现状的重要性和急迫性。

形成明确需求阶段：客户处于明确需求阶段，并逐渐形成改变现状、解决问题的构想。

可行方案评估阶段：客户开始深化构想，并进行方案的可行性评估，包括改进目标、可行路径和具体措施。

最终决策评估阶段：客户开始进行决策评估，包括正向价值评估、负向影响评估和成本评估。

接下来我用一个特别的例子，帮助大家理解这六个阶段。

2017年初，我人生中最放纵的一段岁月。当时我体重200斤，冰箱里常年放满可乐，大吃大喝没有节制。

太太对于我的体重一直忧心忡忡，觉得这个体重对健康有很大影响，于是除了整天在我耳边念叨"必须减肥"外，还时不时给我推送关于肥胖如何影响健康的文章，甚至还买了一台跑步机放在我的书房里。

这些做法有效果吗？没有的，我当时根本不认为胖是一个问题，为什么要减肥？此时我的太太说得越多，我越认为她啰唆。买了跑步机我直接拿来当衣架，不让我吃炸鸡我偷偷地吃。

此时，我尚未意识到自己的需求。这种情况与许多吸烟人士是一样的，他们知道"吸烟有害健康"，但他们总觉得有害的只会是别人的健康，"我的运气应该不会那么糟糕"。

2017年中，我的想法开始发生一些改变，开始意识到肥胖可能是一个问题了（请注意，意识到问题绝对不是别人强加的，而是自己察觉的，别人顶多只能起到引导的作用）。因为肥胖开始影响我的工作和生活，让我每天都觉得精神不振，动不动就感觉身体疲惫。

我开始有减肥的想法，可是一想到减肥的艰辛，以及从此要告别我最爱的炸鸡和可乐，我犹豫了一下心里想"还是熬一熬"吧。此时，我就是处于"隐含需求"阶段。跟许多吸烟的人一样，他们可能已经意识到吸烟对自己身体有不良的影响，但这种影响还没有到达可以让自己戒烟的程度。

2017年10月，在参加了公司的体检后，体检报告把我吓了一跳：除了血压之外，我的其余指标全部超标。此时，"痛"来了，我意识到再不采取行动的话可能会有严重的后果，于是终于下定决心减肥。

有决心并不够，正如许多人年底时总喜欢在朋友圈许愿说"我明年要挣100万元"，但对于如何实现这个愿望，却一点想法都没有。我一定要有明确进行改变的行动构想，而不能只是空想。什么样的构想呢？通过控制饮食和运动减肥，此时，我开始形成"明确需求"。

另外，减肥这件事儿和跑马拉松一样，假如我们没有设定明确的目标，要求自己一定要跑多少公里，最终的结局只会是随便跑跑就算了，累就跑少点不累就跑多点。但这样是不行的，因为不管减肥、跑步还是学习，都是让人感觉痛苦的事情，假如没有设定明确目标，"三天打鱼，两天晒网"必然会成为常态。于是我修改目标，要在一年时间内，让自己减重40斤。

这个目标合理吗？不知道，目标是对未来的改变，但未来是不确定的，目标没有"合不合理"这个属性，只有"是否必要"这个属性。假如不能减重40斤，体重会对身体健康带来越来越严重的不良影响，因此这个目标具有必要性。至于合不合理，那是路径的事情。

那么，到底什么是路径？

假设我们的目标是去北京，那么到底是乘飞机、乘高铁还是开汽车去呢？如上这些就是路径。

在一年时间之内减重 40 斤，我到底应该怎么确定路径呢？有两个选择：

加强运动。例如办一张健身房的年卡，或者请一个私人教练。

控制饮食。从此彻底告别炸鸡、可乐、薯条和冰激凌等高热量食物。

许多人一想到控制饮食，就会想到节食，"不吃晚餐""少吃东西"诸如此类，但这种想法是错误的。

节食确实可以很快把体重降下来，但一旦恢复饮食体重很快又会反弹；节食带来的精神煎熬太强，对意志力能量的消耗太大。一旦我们熬不住还是吃了东西，要么会陷入自责的焦虑情绪，要么会走向另一个极端——破罐子破摔。所以节食并不适用于减肥。

控制饮食不是节食，而是调整饮食的结构，将那些不健康的食物从食谱中剔除，比如多油、多糖、多盐的食物能不碰就不碰，与此同时将精制碳水化合物替换成玉米、小米、红薯等健康杂粮。

制定每天的食谱，甚至限定每一餐的食物卡路里，这就叫作明确措施。

在明确了减肥措施后，需要评估这个减肥方案到底能不能实现我的目标。但是我从来没有减肥过，没有概念该怎么办？

那就试。从 2017 年 11 月到 12 月，我坚持使用新食谱，一开始确实饿得眼睛都绿了，每到晚上十点钟就想"早点睡吧，睡着就不难受了"。一个月之后上体重秤一看，我足足瘦了 10 斤。如此看来这个方案帮助我在一年内减重 40 斤应该问题不大，具备实现目标的可能性。

上述的这些行为，包括定目标、定路径、定措施，以及评估方案是否能够实现目标，就称为"可行方案评估"。

但不管读书还是减肥，都是反馈周期较长的事情。它不像短视频一样，马上能给予人乐趣，而是需要先付出许多才有可能在未来取得某种收获，甚至还有可能付出许多但还是一无所获。所以对于做这件事情到底能够带来什么价值，自己必须非常坚定，否则很有可能会坚持不下去。

减肥 40 斤到底能够给我带来什么价值呢？

我的身体各项指标能够得到大幅度改善，不再像过往一样，动不动就感觉疲倦，还得三天两头跑医院。

遥想我年轻时可是"厂草"，据说现在人们找工作时都要评估老板的颜值，减肥后的我将有助于公司的员工招聘。

太太想必也不会再唠叨了。

理由十分充分，有一个非常美好的前景等待着我。

但是减肥这件事情有风险吗？有的，在我依靠控制饮食让体重下降 10 斤后，我开始感觉身体变得虚弱，因为我选择的减重手段完全依靠减少摄入量而不是增加消耗量，也并没有增强体质的行为。我开始有一些担忧：这样的减肥方法会不会反倒更加影响健康？

毕竟减肥只是目标，身体健康才是根本目的。基于风险评估，我将路径和措施做了一些调整，那就是以控制饮食为主，以加强运动为辅。

于是，我开始了每周至少 6 次的中等强度有氧运动，要么是 35 分钟的跑步机，要么是 40 分钟的快走，再辅以臂力器和健腹轮锻炼肌肉。

减肥是件成本蛮高的事情。太太赞助的跑步机就不说了，一顿减脂餐少则 30 元多则 50 元，一堂私教课 300 元起步，为了快走的时候不伤膝盖我还特意买了一双徒步专用鞋，为了锻炼时能有更多乐趣我还买了 iPad 和无线耳机……

上述这些评估价值、评估风险和评估成本的行为，我们称为"最终决策评估"。

在下定决心以及明确方法之后，剩下的就靠执行了。

日子在平静的生活和一次次上秤后的喜悦中一天天过去，终于在 2018 年的 9 月，在下定减重决心的 10 个月之后，我实现了减重 40 斤的目标，而且在 2018 年 10 月公司体检之后，自己身体的各项指标也有了大幅改善。

说完我的减肥经历，请大家仔细回忆上文的逻辑，是否发现了什么？

我的这段经历，遵循了从零开始的采购决策六阶段。

1. 未意识到需求。

任何一家企业都有问题，任何一个客户都有寻找更低成本、更高质量和更好服务的需求，但他们未必意识到自己有这方面的需求。因为每家企业的资源总是有限的，总会优先将资源投放在自认为存在问题或者已经产生影响的地方（譬如销售和市场端），当客户处于这个阶段而我们去联系对方时，大概率他会回答我们"不需要"或者"我已经有稳定的供应商"。

此时应该做什么？许多人的做法是不停地发邮件，或者隔三岔五地打电话，说"我们最近有个新的促销措施""我们最近研发了一款新产品"等，企图在客户面前"刷"存在感，但是有用吗？这么干过的朋友肯定知道，基本没有效果，为什么？

请大家回忆一下我的减肥历程，不管别人怎么说减肥多好多棒，当我尚未意识到自己的问题时，我的反应都是嫌弃别人啰唆。

当客户根本没有购买的念头时，你的产品多好跟他有什么关系？例如当我根本没有换手机的念头时，不管你再怎么跟我说某某品牌手机的性能多好多棒，都没有任何意义。

正确的做法是，首先让客户意识到自己有需求，让客户自己意识到他的企业、业务和团队其实存在着某种程度上的问题。要做到这一点，有两个办法。

（1）销售层面，应用 SPIN 销售法里的"难点问题"。

难点问题（problem questions）指销售对于客户所存在不满、困难或问题的探究，譬如：

当前供应商有什么问题吗？

产品质量情况足够稳定吗？

目前市场上的竞争激烈吗？

交货会有不及时的情况吗？

组织内部效率高吗？

（2）营销层面，通过说案例让客户共鸣。

故事或者案例是最容易让人脑吸收的一种沟通方式，也最容易引发客户思考："我是不是有类似问题？"

因此不断沉淀公司的实际案例并通过社交媒体发布出来，其效果会远远超过开发信或者推销电话。

另外，怎样才能写出别人感兴趣的案例呢？

如下是写案例的通用逻辑：

问题——我们有个客户，曾经遇到什么样的问题？

影响——这个问题，给他带来什么样的影响？

人物——这个影响，主要是针对客户公司里的哪个岗位？

方案——我们最终提供了一个什么样的方案？

价值——这个方案给客户带去什么样的价值？

评价——受影响的人，如何评价这个方案？

根据这个逻辑，基本上我们已经可以打造"流水线式"的案例撰写，然后源源不断地发布出去影响客户。

2. 处于隐含需求。

当客户确实意识到问题存在，譬如他现有供应商的价格真的比其他供应商高时，他一定会采取行动寻找新的供应商吗？

不一定，尤其当他的发展尚且能掩盖问题的存在，譬如尽管知道供应商的价格高但依然有足够的利润时，他不会采取行动，因为行动往往意味着成本。

在这个阶段，当你接触到客户时，他会要求你报价，会要求你提供信息。但你往往会发现，这些根据客户要求发出去的信息很难有下文。

我们应该怎么办？还是两个方法。

（1）销售层面，应用SPIN销售法里面的"暗示问题"。

假如说难点问题是销售对于客户所存在不满、困难或问题的探究，那么暗示问题（implication questions）研究的是这些不满、困难或问题对于客户的影响，譬如：

当前供应商有什么问题（难点问题）——当前供应商的某某问题有造成什么影响吗？（暗示问题）

产品的质量是否足够稳定（难点问题）——关于质量不稳定的情况下

线客户有投诉吗？（暗示问题）

市场上的竞争是否激烈（难点问题）——市场的激烈竞争引起多少利润率和销售额的下滑？（暗示问题）

是否出现交货不及时的情况（难点问题）——某某零售商对于货期的要求很严格，是否曾经因为供应商的交货不及时而被罚款？（暗示问题）

组织内部效率如何（难点问题）——当前组织内部的效率不高有没有带来什么影响？（暗示问题）

以暗示客户："再不行动，你的这些问题就要有严重后果啦。"

（2）营销层面，通过说案例让客户感到"痛"。

一样以故事或案例的形式"覆盖"客户，只不过将重点放在了事件对客户的影响上。

以上两个方法，目的都是推动客户的采购流程，让客户感觉到"痛"。

3. 开始感觉痛苦。

什么是痛？当前正在造成的影响或者未来可能带来的影响，就是痛。

痛有两个作用。

（1）一个人没有痛苦就不会采取行动，因为行动是有成本的，正如客户没有遇到任何问题时，他会乘坐长时间的飞机，以及负担昂贵的酒店费用来中国参加广交会吗？

只有当一个人的"病"开始发作时，他才会感觉到"痛"，有痛了才会想到吃药或者看医生。譬如客户原本并不在意供应商的价格高，但现在他因为价格竞争力问题丢了大订单，并且预测明年公司的销量会有大幅度下滑，这时候他会慌，会想着赶紧解决当前自己面临的问题，于是就会开始找方案，找潜在供应商。

（2）"痛"能够帮助客户确定预算。

例如当一个人感冒的时候，由于感冒带来的痛是轻微的，睡一觉或者吃几片感冒药就会好，那么这个人愿意为了解决痛而付出的代价自然不会高。但假如这个人得的是绝症呢？自然是该怎么治就怎么治，该花多少钱就花多少钱。

此时我们要做的就是：

1）帮助客户量化痛。怎么量化？影响有多严重，痛就有多深，只要我们量化出影响，自然量化出了痛。

举个例子：客户当前供应商的价格比市场平均水平高5%。因为这5%的价格差距，客户可能会丢失明年100万元的订单，此时客户的痛是100万元。

2）帮助客户建立解决这个痛的构想，并且让客户相信，你能够帮助他解决这个痛。

为什么许多人即使有了痛，但依然不行动？原因很简单，他不知道这个痛能治，或者不知道这个痛能够怎么治，或者以为治愈这个痛需要付出的代价很高。以中美贸易摩擦时期美国加征关税为例，这件事情痛吗？肯定痛，但为什么只有很小一部分人要么寻求东南亚供应链，要么寻求转型到其他市场？因为许多企业主根本不知道应该怎么办，于是只能一天天地拖下去。

因此站在销售的角度，需要让客户知道"你有病，我有药"：你现有的供应商成本太高，没关系，我的成本更低，可以帮助你解决未来可能存在的销量下滑问题。

通过这种手段，我们可以帮助客户建立解决痛苦的构想，让客户逐渐形成明确需求。很关键的一点是：这个需求是我们帮助客户明确下来的。

4. 形成明确需求。

在客户建立解决痛苦构想时,他已经较为清晰地知道自己应该怎样解决这个痛了,譬如到底是选择"保守治疗"的吃药方式,还是选择"激进治疗"的手术手段,此时他的心中已经有了一个较为明确的答案。

那么我们此时要干什么?三个关键词:目标、路径、措施。

有了痛我们当然得治,但治到什么程度是一门学问。譬如客户希望提高产品质量,但提高到什么程度算达标呢?付出多少代价算可行呢?

假如客户没有目标,我们就没办法帮助客户量化价值;假如客户没有目标,我们就必须帮他设定一个目标。举例说明,我们在创业初期给客户提供采购代理服务时,往往会问客户:"你想找个什么样的供应商",此时客户的回答往往是:"我需要一个质量更好的供应商"。这并不是一个很好的回答,"多好算更好"呢?假如客户没有明确概念,只有初步的想法,最终他在选择供应商的时候就只能稀里糊涂地凭感觉来。

只有确定客户的目标,或者帮助客户确定目标,才有可能给对方选择我们的理由,譬如把指标摆在对方面前:"看,你的要求是产品合格率不低于99%,从数据看我们符合你的目标。"

什么是路径?路径是实现目标的方法。

假设降低采购成本7%是客户的目标,那么路径可以是让现有供应商直接降价7%,或者降低产品性能品质以达到降本7%的要求,或者更换一个价格低7%的供应商。上述这些都是路径。

什么是措施?措施是我们具体应该怎么干。

譬如当现有产品的材料水平实在没办法支撑客户价格下降7%的目标,我们只能采取降成本的手段时,具体要怎么降?更换压缩机还是更换隔音棉?降成本需要多长时间?需要多少前期资金和时间投入?与此同时应该如何跟零部件供应商进行商务谈判以达到降成本要求等。上述这些都是措施。

目标、路径、措施这三点，都能帮助客户形成一个明确的需求，并最终帮助客户推进到"可行方案评估"这个阶段。

5. 可行方案评估。

当客户到达可行方案评估阶段时，他会将所有的备选方案都拿出来评估比较，看到底哪个方案能够最快、最好、最便宜地满足他的要求。与此同时，假如客户是有一定规模的公司，此时高层（譬如 CEO、COO、CFO 等）可能要开始正式介入工作了（非正式介入可能是在需求最终形成的阶段），因为客户需要从更高的层面（譬如投资回报率）去看待方案。大多数普通销售在这个阶段开始感到失控，因为他们之前没能接触客户的高层，也没有办法借助执行层去影响决策层，就会产生无力或者失控的感觉。

此时我们需要做的，一方面是和对方的方案评估人员把最终的方案敲定下来，另一方面要开始积极地接触客户的决策层。譬如可以问客户公司的执行层："不知道哪位将负责项目接下来的环节，是否方便引荐一下，以推动项目的进展"，争取把采购流程推动到最后一个流程。

6. 最终决策评估。

到最后这个阶段，客户最关心的是风险、价值和成本，毕竟快要到他真金白银掏钱出来的时候了。此时接触对方，他大概率会告诉我们"正在考虑"或者"有决定了告诉你"。

此时我们只能够等待吗？不是的，在这个阶段我们的任务是要么帮助客户放大决策的价值，要么帮助客户消除对风险的顾虑，譬如询问客户"不知道关于这个项目您是否还有什么顾虑"或者"一般来说我们其他客户在决策前会有风险方面的顾虑，不知道您这边是否也一样"。

通过以上六个阶段的推进，自然可以实现整个销售流程的过程可控和结果可期。

但不管用难点问题揭开客户的隐含需求，还是用暗示问题让对方感觉到"痛"，都免不了提问和沟通的环节。然而在现实世界里面，为什么客户往往并不想回答问题，只会一味地让我们发报价单呢？

原因很简单：要么激发不了客户对我们的兴趣，要么建立不了客户对我们的信任。尤其是第二点，当客户不相信你有能力帮到他时，他怎么愿意花时间回答你的问题？

如同病人只有见到能够医治他的医生时，才会详细地描述自己的病情。我看过一个非常有意思的例子：

某家公司给 30 名销售人员布置了一项任务：每个人去高铁站帮助一位乘客把行李扛上车。

任务看似简单，但是在这 30 名销售人员当中，只有一个人完成了任务。

为什么？换位思考一下：假如你是在高铁站候车的乘客，突然来了个人高马大的大汉想帮你拿行李，你会愿意吗？

究其原因，是信任的缺失。

由于信任的缺失，所有客户在看待销售时都是从负分开始的，销售身上往往挂着一个标签：要么是销售，要么是骗子。

在科学销售的领域，我认为建立信任才是正式开始销售的第一步。只有建立了信任，让客户相信你能够帮助他解决问题，他才会愿意分享他的痛苦，描述他的需求以及分析你的方案。而且很关键的是，建立信任的工作贯穿了整个销售流程。客户在不同采购阶段中的每一个决策，都需要相对应的信任做支撑，譬如在需求形成阶段，他可能更多地需要销售人员用个人的专业能力来建立信任；在方案评估阶段，他更多地需要产品和方案本身所能够承载的功能来建立信任；在采购决策阶段，他更多地需要供应商的公司和品牌实力来建立信任。

只有充分理解并将所有的销售工作都围绕着客户的采购流程来贯彻执行时，才能够确保我们通过客户画像确立下来的目标客户，能够最终转化为成交客户，且不断扩大合作的范围和深度，支持我们这样一家急需订单的初创企业不断发展壮大。之后我们才有更多的精力和时间，去思考企业下一步的发展问题。

最后，如果大家对于销售领域的深度知识感兴趣，推荐大家看崔建中老师的书——《价值型销售》。

第 8 章

我的竞争对手是谁

没有竞争对手是一件好事吗？

据说在投资界有个非常经典的问题："假如腾讯或者阿里巴巴也来做你现在的生意，你准备怎么面对接下来的竞争？"

在第一次听到这个问题时，我本能的反应是感到害怕："开玩笑，巨头们都要来和我抢饭碗了，我哪里竞争得过这么强大的对手？"但随着走过的创业路越来越多，我反倒觉得假如一门生意有巨头愿意参与进来，其实是一件好事。因为这至少意味着这门生意有远大的前景，否则巨头们怎么可能看得上？反过来说假如一门生意没有竞争对手的话，那才是一件真正值得害怕的事情，因为这可能意味着许多人压根儿不看好这门生意。

之前很多人认为："现在大众赛道哪里还有初创企业的机会，我们应该将小众市场作为创业的切入点。"对此我有两个不一样的看法。

1. 小众市场有着无法被弥补的缺陷。

到底什么是小众市场呢？马老师曾经提出的"小而美"指的就是小众市场。所谓"小"并不是企业小，也不是市场小，而是指某一个小众细分市场，而"美"则指在这个细分市场里面做到极致，赋予客户和自己最大价值。

表面上看，这是一个不错的切入点，可以在巨头的眼睛看不到，或者即使看到也看不上的地方耕耘，默默地挣自己的第一桶金。

可是，不知道大家有没有思考过一个问题："小而美"的缺陷是什么？

在我看来，它有四个缺陷：

（1）获客难度大。假设我是一家做小众太阳能空调的企业，为了获取客户去参加了线下的展会。但是在展会过程中路过我公司摊位的客户里，到底会有多少个客户是做太阳能空调的呢？答案可想而知，因为绝大多数客户要么做家用空调，要么做商用空调，没有几家企业有太阳能空调的业务。流量到底从哪儿来？这是"小而美"最大的问题。

（2）供应成本高。同样一个型号生产100件和10 000件的成本肯定不一样。"小而美"往往没有订单规模优势，这导致它的成本比较高。由于是小众需求，我们能够将产品卖得比较贵，但与此同时，贵也一定会抑制需求的扩散，让它永远只停留在某一个小圈子里面。由此可见，"小而美"在某种程度上，也是"小而贵"。

（3）天花板很低。小众虽然不一定意味着市场规模小，但又有多少企业真的有能力把多个小众需求集合成一个大需求呢？因此，企业很容易遇到发展瓶颈，例如我有个做小众市场的朋友，虽然已经做到了细分行业第一，却已经在年营业额3000万元这个数字维持了四年，一直突破不了。

（4）可复制性差。既然企业的发展已经到达天花板，我们就应该思考如何突破瓶颈，可到底要怎么突破呢？重新复制另外一个"小而美"再次从零开始？例如我原本是做婚纱的，现在尝试一下做鞋子吗？由于小众市场之间的区隔较大，我们会很容易发现，原本做婚纱时所积累的资源，可能只有金钱和经验可以带到新项目。在这种情况下，我们很难集结力量形成足够大的势能，结果只会变成四处开花，但每一朵都是"小花"。

综合上述我们可以发现，假如一家企业真的遵循"小而美"的理念去经营，它有可能永远只停留在企业发展的初级阶段。

2. 小众市场很容易被做成小市场。

分享一个真实案例。

客户在拜访某个供应商之后跟我说："这家公司以后会是我们核心的供应商，或许我们应该考虑入股他们。"

客户的这句话其实只是说说而已，但言者无心听者有意，我的心思一下子活泛起来。

首先，该供应商确实是一家有核心竞争力的公司，老板拥有行业内多项发明专利，称其为行业内的技术领跑者都不过分。

其次，经过较长时间的合作，我发现供应商老板的人品不错，价值观也和自己一致，不注重眼前利益，而是要做一番大事业。

再次，该供应商没有海外销售部，而我最擅长的就是销售，双方有着强烈的能力互补需求。

最后，该供应商的产品和技术很新，几乎找不到直接竞争对手。

心念至此，我一下子兴奋起来，激动得失眠了三个晚上，觉得自己找到了一个新商机。没过几天我重新跑回工厂，跟对方签署了合作协议，然后风风火火地开干了。我新租了一个办公室，招聘了两名员工，一名放在顺德的公司，一名放在深圳的工厂；花 29 800 元开通了阿里巴巴国际站，作为主要的获客渠道；每个月拿出 3000 元作为谷歌推广的广告费。总而言之，一片热火朝天的景象，我感觉自己很快就要走上事业的巅峰。

然后，开启了为期两年的无单生活。

当然说无单也不合适，但毛利率极低，销售金额几百美元的订单，跟没有订单又有什么区别？每次在计算销售提成的时候，"16.8 元""32.6 元"，这样的数字算得我自己都尴尬得不行。

一开始我还不认命，觉得问题出在流量上，流量不够导致客户不多，于是我另外招了两名同事负责营销工作，专门打理阿里巴巴国际站以及设计用于给客户群发邮件的海报；觉得可能销售团队也管理得不好，于是我招了位销售经理帮忙处理日常的团队管理工作。但今天当我回顾这个项目时，发现这其实是一个无论我怎么努力都改变不了结局的项目，原因很简单，我以为自己找到一个没有竞争的小众市场，事实上我找到的只是一个小市场。

我当时在这个项目上的固定费用如下。

人员工资：240 000 元/年。

阿里巴巴：29 800 元/年。

谷歌广告：36 000 元/年。

房租水电：36 000 元/年。

这意味着我一年至少需要挣到 341 800 元的毛利润才可以实现盈亏平衡，假如按照 20% 的毛利润率计算，需要达到 1 709 000 元的销售额。

看上去这个数字并不大，可问题在于我的产品是 LED 照明的上游配件，货值低且不说，又有多少海外的组装工厂需要上游配件呢？绝大多数需要上游配件的组装工厂可都在国内呢！而且产品真的太新了，连竞争对手都没有，这往往意味着不管市场还是客户都需要漫长的时间才能够慢慢接受它，而这个艰难的工作，只有我一家公司在做。

最终，我们只能抓住很小一部分对高端技术有强烈渴望的客户，然而在一个小池塘里面，无论如何都折腾不出多少浪花。

综合上述，没有竞争未必是一件好事。很多人在想起"竞争对手"这个词时，下意识会反感，事实上竞争对手的存在很重要，它既能帮助我们找准自己的市场定位，又能够帮助客户快速记住我们（类似"百度是谁？百度是中国版的谷歌"这样的阐述方式，可以帮助之前没有接触过百度的国外用户迅速建立起对百度的认知）；既决定了我们当前所处行业在未来的市场规模和体量（市场体量越大，竞争对手越多），又能够让竞争对手和我们一起教育客户和市场。

这意味着，在创业早期我们应该深入地思考下面这几个问题：

我的竞争对手是谁？

谁是我狭义层面的竞争对手（例如"美团外卖"和"饿了么"，就互为狭义层面的竞争对手"）？

谁是我广义层面的竞争对手（例如"美团外卖"和"方便面"，就互为广义层面的竞争对手"）？

竞争对手和我的主要区别在哪里？

竞争对手最大优势里的固有劣势是什么？

到底什么是"最大优势里的固有劣势"呢？

当一个人很有原则性的时候，往往意味灵活性不足。

当一个人很理性时，往往意味着感性不足，而感性是艺术创作和创造力的基础。

当一个人很外向时，往往意味着他更多地从社交而不是从独处中获取能量，这往往会带来思考深度的不足。

当一个人更多着眼于大局和未来时，往往意味着他对于细节和当前状况的处理会比较粗糙。

当一个人想得太多的时候，往往意味着执行力会比较弱。

总而言之，当某个人或者某家企业在某个特质上非常突出的时候，势必会有一些隐藏着的、由于突出特质而形成的弱点或者缺陷存在，这个就是所谓"最大优势里的固有劣势"。而且由于这个弱点因为优势而形成，意味着它很难被改变，否则就要放弃自己的优势。举个例子：顺丰快递的优势是什么呢？是"快"，那么它最大优势里的固有劣势是什么呢？自然是"贵"了，它能够改变这个弱点吗？改不了，因为一旦改了，它就不"快"了。

我们确实必须在意和研究竞争对手，但这并不意味着同质化竞争，并不意味着我们要做和竞争对手一样的事情，而是要找到市场中那些尚且未被竞争对手满足的需求，尤其是那些由于"最大优势里的固有劣势"的存在，导致竞争对手很难去满足的需求，然后用尽全力去满足它！只有这样，才能实现竞争的差异化。

本章最后再留道思考题给大家：

竞争对手是一家在业内沉浸多年的企业，由于这家公司的产品基本上都是标准品，质量管控得非常稳定。由于标准品比较容易控制供应链，也比较容易实现规模化，这家公司的产品虽然价格实惠但是利润率很高。请问：假如这个时候有家初创公司也想在市场中分一杯羹，它应该怎么找切入点呢？

第 9 章
我所处的行业还有前景吗

李嘉诚先生曾经说过:"取势、明道、优术",在我看来取势是找准方向,找准具有未来前景的行业,只有这样才能够搭上时代发展的列车。否则再才华横溢的人,都很难创出一番新的事业,例如他去开一家火柴厂,可是现在还有多少人在用火柴?

所以求职也好,创业也罢,许多人都非常看重行业。例如在国际贸易领域,我相信许多新晋创业者会更加倾向于选择跨境电商 B2C 而不是传统外贸 B2B,甚至许多已经干了多年传统外贸的人都在考虑到底要不要转型做跨境电商 B2C。

但事实上,传统外贸真的日薄西山了吗?跨境电商才是国际贸易的未来吗?我来分享几个数据:

2012 年至 2017 年间，中国出口总值从 12.72 万亿元增长为 15.33 万亿元，增幅为 21%，其中中国电商出口交易额从 1.86 万亿元增长为 6.3 万亿元，增幅为 239%。

这意味着，2012 年，中国出口电商交易额占出口总值比重不足 15%，但是在 2017 年这个数据大幅飙升到 41%。

乍看之下我们可能会被吓一跳，中国的出口贸易要被跨境电商占领了吗？不做跨境电商就没有出路了吗？

并非如此，在大众的认知中跨境电商等于跨境电商 B2C。但事实上，跨境电商除了跨境电商 B2C 之外，还包含跨境电商 B2B，例如阿里巴巴国际站，就是属于跨境电商 B2B 平台。

而且，在跨境电商的总交易规模中，B2B 依然占据重要位置。以 2017 年为例，我国出口跨境电商市场交易总规模是 6.3 万亿元（见图 9-1）。

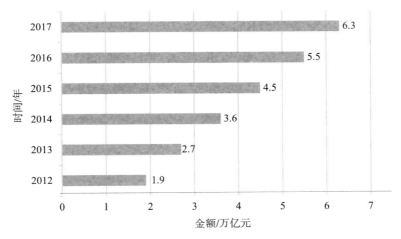

图 9-1　2012 ~ 2017 年我国出口跨境电商市场交易规模

资料来源：前瞻产业研究院。

其中跨境电商 B2B 是 5.1 万亿元，占比 81%（见图 9-2）。

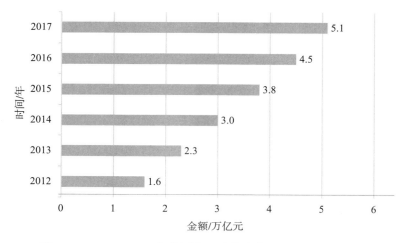

图 9-2　2012～2017 年我国出口跨境电商 B2B 市场交易规模

资料来源：前瞻产业研究院。

而跨境电商网络零售（B2C）则是 1.2 万亿元，占比 19%（见图 9-3 我国出口跨境电商网络零售市场交易规模）。

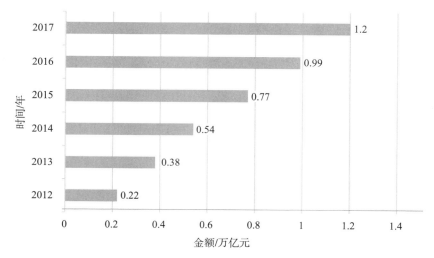

图 9-3　2012～2017 年我国出口跨境电商网络零售市场交易规模

资料来源：前瞻产业研究院。

假如把这个数字放进中国出口总额，跨境电商 B2C 事实上只占中国出口总额的 7.8%，占据的主体依然是一般贸易，也是大家认知中的传统外贸 B2B。

所以事实上，许多人觉得"跨境电商 B2C 已经占据中国外贸的半壁江山"，其实只是一种错觉。

举这个例子我想说明，理论上我们创业时确实应该选择更有发展前景的行业，但最大的问题是，许多人并不具备判断行业前景的能力。很多时候我们判断一个行业到底有没有未来前景，往往只能依靠自己的感性认知，结果大概率就走上一条弯路。

我曾经也不看好传统外贸，尤其不看好身为中间商的贸易公司，觉得客户们都在寻找源头工厂，工厂们又在积极跳过中间商，做贸易公司没有出路，自己顶多再干五年。于是我一直在寻求转型，例如去做"知识经济"。

但后来由于自己实在没有做知识经济的基因，不得不退回到传统外贸，并且由于没有了退路，不得不想方设法在这个领域沉淀下去，这时我才发现自己之前对于国际贸易的认知实在太肤浅。

国际贸易之所以发生，理论基础是大卫·李嘉图的"比较成本"，各国总会将资源投放到自己最擅长的领域，然后再通过贸易的方式，从其他国家购买自己不擅长生产的产品。

过往中国最擅长的领域是什么？大量的劳动力成本和低廉原材料成本，让中国制造受全球人民的青睐。随着时代的发展，中国制造已经不再是低成本的代名词，海外客商们在渠道砍无可砍的时候，纷纷跳过贸易公司，将触手伸到制造工厂这一端，再加上但凡有什么产品好做，马上会涌现出一大批的竞争对手进而将利润水平压低,在这种情况之下,确实有很多人产生外贸已经日薄西山的错觉。

但事实上,成本真的已经降无可降了吗?

假如我们依然将自己当成一名国际贸易的"搬运工"(不管是直接搬运成品的贸易公司,还是搬运半成品再组装为成品的工厂),当然会觉得成本已经降无可降。可假如我们跳开直接和间接搬运的死循环,进入到次级供应商的管理以及产品的设计开发呢?

我们可能会发现一个新天地。因为对于许多产品来说,70%的成本在开发时已经注定,过往我们通过谈判和流程梳理或许能够影响10%~30%的成本,但剩余的70%,只能够在产品开发的领域下功夫。

举一个实际例子。

有个持续给我的竞争对手下单的客户(年订单金额约250万美元),我非常渴望将对方的这部分业务挖过来。经过较长时间的沟通之后,客户对一切都满意,唯独提出一个要求:"价格必须做到2美元。"我们给客户的报价是2.6美元,比客户的目标价足足高出30%,以当前的毛利率情况,我们即使不盈利也满足不了客户的目标价格。但我们又真的非常想拿下这张订单,此时应该怎么办?

降价是不可能的,即使将供应商和我们的利润全部挤出来都不可能达到让客户满意的程度,我们只能聚焦在降本上。

但到底应该怎么降成本呢?在研究了三天客户现有供应商的产品后,我们终于找到一个切入口。产品里有一个非关键零配件,我们可以通过更换这个零配件的原材料实现降本,而且由于这个零部件在终端用户的使用体验上并没有产生重要作用(好比快递箱,对于用户来说它始终要被扔掉,足够坚固就行，根本不需要多么花里胡哨），更换原材料几乎不会造成用户体验上的任何影响，却能够实现成本 15% 的下降。

太好了，我们完成了一半的目标！

接下来再对生产流程进行梳理，我们发现生产环节中有个会对成本产生较大影响的因素：包装方式。

原本的包装流程是 20 件产品放一个小盒子，20 个小盒子再放一个大箱子，这个包装流程既烦琐又浪费，能不能将只能装 20 件产品的小盒子换成可以装 100 件产品的大盒子呢？在这种情况之下我们既能够减少盒子的成本（毕竟 1 个大盒子的成本比 5 个小盒子要低），还能够提高工人的打包效率进而起到减少人工成本的作用。

在咨询客户的下线终端卖场后，对方表示这种包装方式也能够符合他们的要求。于是，我们堵上另外 15% 的成本缺口。最终，我们更新了价格给客户，成功地将他的订单拿了下来。

很多时候我们之所以感觉行业竞争白热化、成本降无可降，不过是因为没有将力气用在正确的地方。

除了价格外，我们真的已经无话可说了吗？

当然不是，大家都在说"同质化严重"或者"行业前景黯淡"，但真实的情况却是很多人空余满腔焦虑，却从来没有思考过客户真正的需求是什么。

正如我们曾经听过无数次的那个故事：一瓶水在超市里只能卖两块钱，但是在沙漠里却能够卖一百块。绝大多数客户关注的根本不是价格，而是自己的需求可以如何被满足，在需求满足的前提下，才会轮到对成本和风险的评估。这意味着，在我们和客户讨论价格之前，我们更应该讨论的其实是需求，而不同客户群体的需求本来就不一样。

以我们公司用于空调的紫外线灯为例，我们有如下三种类型的客户：一类是空调的安装商，一类是家电的零售商，一类是空调的配件工厂。

这三类客户尽管都向我们购买同样的产品，但他们的需求一样吗？

不一样，因为他们的业务不一样。

空调安装商不在意产品的外观、细节、包装和体验，甚至会觉得有点安装门槛才更好，这样的话他们才可以名正言顺地向用户收取安装费用。甚至有一个客户告诉我，他们要的就是那种"粗糙的工业风感觉"。因为本质上空调安装商提供的是"服务"而不是"商品"，或者说商品只是他们服务的一部分，所以商品本身的成本越低越好，他们越能够用服务为商品增加价值就越好。

家电零售商则恰好相反，因为他们的业务是直接销售商品给终端的消费者，所以产品的外观、细节、包装、体验及安装都是重中之重，也就是说商品本身的附加价值越多越好。

至于空调配件工厂，他们的关注重点又不同。他们更关注每一个零部件之间的规格参数、售后信息以及组装替换的便利性，因为他的客户群体是专业的B端客户而不是C端用户。

这意味着，假如要真正击中每一个客户群体的需求，让他们更加愿意购买我们的产品，我们在一开始设计产品时，就应该跟随目标客户群体的需求来。譬如给安装商提供最基础的版本，给零售商提供增值版本，给配件厂提供定制版本。

假如我们不去研究客户的业务，不去搞清楚客户到底靠什么赚钱、客户的下线群体是谁、客户通过什么渠道卖货等问题，而是总想着"我有什么就卖给你什么"，这样的生意能做好才怪。

所以，事实上国际贸易并不是没有未来前景，关键始终在于我们是否能够真正做到：**向上游供应要成本，向下游市场求价值**，这一点是我在国际贸易领域沉浸超过十年之后，才真正有的深刻体会。

最后，假如我们真的要对某个行业进行判断，可以简单地从"波特竞争力模型"的角度进行分析。

波特竞争力模型包含五种力的作用。

1. 供应商的议价能力。

在和供应商进行谈判的时候，到底谁能够占据主导地位？供应商的议价能力越强，我们的竞争力就越低。

2. 购买者的议价能力。

在和客户进行谈判的时候，是不是客户每压一次价，就得让一次步呢？客户的议价能力越强，我们的竞争力就越低。

3. 新进入者的威胁。

行业的壁垒到底有多高？新企业进入行业的可能性有多大？新企业越容易进入，我们的竞争力就越低。

4. 替代品的威胁。

举个例子，U 盘替代光盘，云盘又替代 U 盘，技术的更新换代总会给市场带来新的替代品。替代品的威胁越大，我们的竞争力就越低。

5. 同行业的竞争程度。

同行的竞争越激烈，市场的可选择空间就越大，我们的不可替代性就越小，竞争力就越低。

综合上述，找准一个拥有未来前景的行业确实重要，但在此之前，我认为更加重要的是认清自己到底擅长什么。因为如果自己没有能力抓住机会和站稳脚跟，再好的行业也毫无意义。

第 10 章

我该不该去追逐风口

自从"风口"这个热词被自媒体传播开后,一大批创业迷们陷入天天找风口的狂热。

从假发到婚纱到平衡车到无人机,从跨境电商到O2O到共享经济到人工智能,大家厮混在一起经常谈的话题是:"最近什么生意好做?"

大家都希望能够进入一个高速发展的领域,然后迅速把其他人甩在身后。

想象一下,假如在你身边充斥着"某某发大财了""某某公司C轮融资了1个亿""某某干了三年就当上年薪百万的总经理"这样的言论,你还能耐得住性子继续留在基层打磨吗?

你只会怀疑自己的选择是否正确;只会焦虑自己到底是在沉淀,还是在浪费时间;只会想着自己换个行业、换家公司是否能够解决当前面临的问题。

我也曾经浮躁过,譬如在毕业第二年的时候,我对主管说:"我已经有了一个绝妙的想法,目标是明年挣到 200 万元。"

说实话,风口、机会或者绝佳的想法重不重要?

我的观点是,不重要,或者至少没那么重要。

因为开始创业之后,我发现所谓的机会真的太多了。今天朋友过来问我有个绝佳的项目要不要投资一下;明天自己发现市场上某个需求还没有人能够满足;后天又在展会看到一个自己好喜欢的新产品。

可问题是:我到底具不具备抓住这些机会的能力或资源?想做的事情有很多,能做的事情有多少?

我认为,抓住风口,或者将想法变成现实的具现化能力,才是最重要的。

假如我们将想法或风口列为 X 轴,具现化能力列为 Y 轴的话,我们可以做一个这样的二维矩阵出来(见图 10-1)。

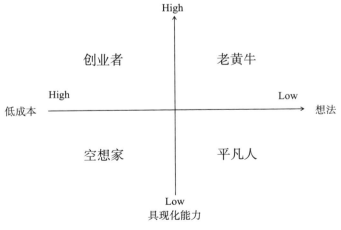

图 10-1 具现化能力二维矩阵

对比一下这张图，自己到底是个什么样的人，一目了然。

跟大家分享一段真实经历。

2015年，无人机行业正值风口，不管是媒体还是资本都争相追捧。

一次偶然的机会，我认识了一位来自美国的科学家。他说："目前市场上所有的无人机产品都有一个致命的缺陷，那就是高速运转的螺旋桨一旦不小心触碰到人体，很容易造成重度割伤。再加上机体本身的防护不足，一旦操作失误使得飞机坠地，会是致命性毁坏的结局。"

"这个缺陷让当前的无人机只适用于专业领域，而我有一项专利技术，既能保护人体安全，又能保护无人机本身。借助这项专利技术，假如我们自己研发生产无人机，能够进入非专业人士都能够操控的消费级市场。"

"通过这项技术和产品，普通人能够通过佩戴VR眼镜，随时随地实现沉浸式飞行，就好像自己真的是在驾驶飞机一样；小孩子也能够在家里面驾驶无人机，通过AR技术，把家变成丛林或者战场。"

"这个项目的前景太广阔了，即使未来有一天我们自己不想做无人机了，还可以把专利卖给行业里其他的无人机公司。"

听完科学家的这番描述，我感到热血沸腾，既是行业风口，又有专利技术，还有差异化产品，不做真是亏大了。

于是，我当场就表示希望入股做这件"伟大的事情"。最终我们一行七人凑了100万元的启动资金，开始了风口上的创业。

在我的想象中，既然是风口上的创业，那应该是非常顺利的事情。拿着PPT就能收获百万订单，拿着PPT资本就会追着给我们投资。但现实永远都是现实，在公司与产品介绍PPT当中，我畅想了许多美好的未来前景，例如高空VR、室内AR、社交平台、对战游戏等。

但在现实当中,这些能让人一看就很激动的畅想,统统没办法实现。

是的,经过半年时间磕磕碰碰的产品研发(毕竟团队成员里,没有一个人曾经有开发无人机的经验),最终我们生产出来的,只是一个带有保护壳的无人机小玩具而已。类似的产品市面上有很多,区别仅仅在于保护罩包围着的,到底是螺旋桨还是整个机身罢了。

在看到实际产品的那一刻,我呆住了,有种梦想突然之间破碎的感觉。理论上,我应该称这款产品为原型机,视之为产品开发过程中的第一步,然后在其基础上继续研发,直到真正实现心目中应有的样子为止。但现实的情况却是:由于在前期的产品研发阶段我们遇到太多超出预期的困难,100万元启动资金已经见底,设想中马上会跟进的风险投资却迟迟没有进展,迫于现实压力,我们只能拿着原型机开始销售。

于是,我们开始参加各种展会,也拿下了一些订单,但距离我们的期望却依然有着不小的距离。

毕竟当时美国科学家夸下海口说自己和某美国零售商超买手的关系很好,一旦产品出来马上可以大批量进入零售渠道。

毕竟在一开始时,风险投资公司说可以考虑投资500万元的时候我们拒绝了,因为自我估值这个项目至少值1个亿,500万元太不够意思。

毕竟,我们想象中的风口是产品一出来所有人马上就会抢着要货,而不是像现在这样挤牙膏似的出单。对此,我们的心理落差很大。

更关键的是我们开始怀疑自己到底能不能把项目推进到设想中的模样,毕竟我们这么多人聚在一起,不是为了做一个玩具,而是为了干一番大事业。

于是,在前期募集的资金开始见底,需要讨论启动追加投资的时候,许多人都沉默了,包括我在内。因为在我看来,这个项目已经很难继续开展下去，虽然我们在过往一年投入了很多金钱和时间，但所有的这些都已经成为"沉没成本"。假如我们为了不浪费这一年来的投入选择追加投资，那很有可能只会带来更多的沉没成本。

最终，作为项目主要发起人之一的美国科学家出资把所有人的股份买了回去。

多年后当我回顾这段经历，最大的感受是：

1. 想法是创业道路上最不值钱的东西。

直到今天，我依然觉得当时进入无人机行业的时机不算太晚，觉得"让所有人都能够飞起来"是一个伟大的想法。最大的问题是：我们真的具备在风口中扎根的资源吗？我们真的具备把伟大想法落地的能力吗？

在创业这条道路上，很多时候我会被一些"伟大"的想法刺激得睡不着觉，不管是关于互联网送餐平台的想法（后来被美团和饿了么实现了），还是做垂直领域"知乎论坛"的想法，或者后来的无人机项目。不可否认这些想法都很好，但是我都没有能力或者资源去实现。

以无人机项目为例，表面上我们是一个强大的团队，有专利技术、管理大师、销售精英和生产人才，可实际上我们没有一个人懂得到底什么是无人机，不知道客户购买它、用户使用它的原因以及市场的真实痛点是什么，纯粹觉得无人机行业是风口，我们要去做，觉得当前的无人机都是专业渠道产品，操控实在不太便利。却从来没有想过，自己做出来的无人机事实上也没有解决操控的问题，只是增加了一个壳，让无人机在撞击落地的时候没那么容易坏而已，至于后面设想的所有功能，通通都没有能力实现。而且就算我们真的把这些功能都开发出来，也没资源将其推广出去。

实现想法的能力，比想法本身更重要。

2. 餐厅的生意好，不见得是菜的味道好；餐厅的生意不好，不仅仅因为菜难吃。

在我家附近有一条宵夜街，一公里长的街道两边几乎都是餐厅。但不住在附近的人可能不知道，多年来能够在这条街长期经营下去的餐厅，只有2～3家而已，其余的都是每隔一段时间就换一个经营人。

这意味着，这个地点并不是餐饮创业的好选择，肯定有什么问题，让绝大多数餐厅都没办法持续经营下去。但为什么还有那么多人挤到这条街道上开餐厅呢？因为他们不会觉得这条街道有问题，他们只会觉得"那些餐厅之所以倒闭肯定是因为菜式不好啊，我家大厨的手艺可好了，一定能够将生意做得红红火火"。

于是，不断有餐厅倒闭，不断有新餐厅入驻。

但事实上，这是一种典型的"自利性偏差"：

自己的成功，人们往往倾向于归结为自己的能力出众。

别人的成功，人们往往倾向于归结为别人的运气出众。

自己的失败，人们往往倾向于归结为自己的运气不好。

别人的失败，人们往往倾向于归结为别人的能力不行。

我们看待同行时，看到的往往只是他们的问题和缺点，例如我当年看待无人机行业的龙头，就只看到他们的操控要求太高，然后觉得我们能够比他们做得更好。但是，这些问题构成痛点了吗？客户因为这些问题拒绝下单了吗？一旦我解决这些问题，客户就会因此下单吗？

假如没有想好这些问题，结局只会像那些自认为能够比上一家做得更好的餐厅一样。

不管哪个行业、哪家公司，肯定都有问题存在。对于优秀的同行来说，他们到底是解决不了这些问题，还是他们认为根本没有必要现在花大力气去解决这些问题？

譬如曾经有位朋友说现在乳胶制品行业很火热，但市场上的产品都是假的。他要做真正的乳胶制品，凭借"货真价实"的产品他一定可以打败同行。但对这种想法我却持怀疑态度，原因很简单：

消费者需要真正的乳胶制品吗？

竞争对手做不出真的乳胶制品吗？

消费者具备辨别真假乳胶制品的能力吗？

消费者愿意为真的乳胶制品支付更高的价格吗？

这些我们都不得而知。

假如我们纯粹觉得某个领域是风口，看到已经在风口里面的企业明明有那么多问题存在却还能够持续盈利，然后眼红心热自己也想要插一脚的话，相信我，大概率会摔得很惨。

第 11 章

我是什么类型的创业者

商业世界里的大多数岗位可以分为 P 型和 M 型。

所谓 P 型，代表着 Professional，意思是岗位内容并不太需要和团队产生太多交互，或者交互渠道比较单一，而且价值主要是由你自身来完成，例如技术、研发、会计、财务、销售等。从这个角度出发，即使你的团队有 10 个人，只要这 10 个人的工作仅在于降低你的工作量，团队主要价值依然由你来创造的话，那你依然是 P 型。

所谓 M 型，代表着 Managerial，意思则是你的工作并非创造直接价值，而是帮助整个团队形成价值，你更多起的是组织、协调、促进和激活的作用。

请大家思考一个问题：对于创业者来说，到底是 P 型好，还是 M 型好呢？

要回答这个问题，我们得确认创业公司到底需要一个什么样的创始人。

绝大多数创业公司基本都可以称为"四无青年"：没钱、没人、没资源以及没订单。于是创业者往往只能身兼数职，销售、客服、技术、司机、打包工和保洁人员都是你，尤其在以"获取订单"为公司第一任务的生存阶段，身体力行地找客户和谈订单更是你的工作常态。

大家觉得 M 型的人能够胜任得了上述这些工作吗？

如同之前所说，M 型人的能力并不在于创造直接价值，而在于帮助整个团队去形成价值，但对于创业公司来说，哪来的团队和人才让你去组织、协调、促进和激活？

所以曾经有位创业者朋友向我抱怨手下的员工执行力不行，明明他的想法那么好，偏偏无法被执行到位的时候，我咧嘴笑了笑："不具备独自将想法变成现实的能力，必须依靠他人的 M 型创业者，在企业创始阶段的失败概率相当高。"P 型的创业者比 M 型更容易存活下去，这也是为什么在创业这条道路上，P 型人要远远多于 M 型人。

随着企业发展阶段的推进，P 型创业者很容易遇到一个问题："天花板"很低。

在国际贸易领域，大多数创业公司的形态都是这样的：老板掌握 80% 的业绩与资源，手底下 1～2 名跟单人员负责降低老板的工作量，另外 2～3 名业务人员负责市场开拓，创造着 20% 的业绩。

结果往往是：老板每天筋疲力尽，还经常觉得手底下的业务人员业绩不好。

为什么会这样？原因很简单，P 型人往往都是某个领域的专家，在他们的眼中，其他人的能力跟自己比起来实在差太远，但是又担心下属把工作搞砸，于是宁可将所有的工作都揽在自己的身上。

不敢往下放，也不懂得如何往下放。

我身边就有类似的案例。老板做贸易起家，后来有了自己的工厂，生意越做越大，但还是抓着销售和生产这两块不放，除了和客户的来往邮件必须抄送给他之外，他还要求业务员在和客户沟通时，必须建一个即时通信工具上的群聊，把他和客户都加进去。

久而久之，这种做法带来两个结局：

1. 当客户发现供应商的老板也在群聊里面时，自然有什么事都直接找老板了。每天十几项业务层面的工作，老板忙得焦头烂额。

2. 员工对老板的依赖心理非常强，甚至连已经在公司工作十几年的业务员，在应该怎么给客户写邮件这种小事上，都得询问老板的意见。

再能干的人，都只有一双手，都是一天只有24小时。假如企业主不懂得把权力放下去，不懂得复制自己的能力给团队中的其他人员，不懂得将自己从实务工作中抽身的话，企业永远做不大。

这就是P型创业者的"天花板"。

事实上不管是P型还是M型的创业者，并没有所谓的好坏之分，关键要看企业到底身处哪个阶段。如图11-1所示（本图来自基思·R.麦克法兰的《突破之道：从平庸走向卓越》）。

从企业阶段的维度：

1. 对于创始企业来说，企业最重要的工作是发现问题、解决问题、提高效益和提升效率。与此同时，没有什么所谓的高层，即使是创始人也得落手落脚处理实际的事务。

2. 随着企业迈过生存期进入发展期，企业最重要的工作变成各种标准和制度的建立以及人才的培养，管理者们要将时间用在领导以及指导员工上，开始凸显中层领导者的作用。

3.当企业进入成熟期，各项制度、标准和文化趋近成熟，此时企业最重要的工作变成对战略的思考、制定和执行。就好像一艘巨轮，它已经有了自己的一套运行系统，怎么开不重要，重要的是到底要往哪儿开。

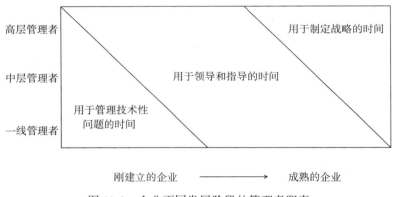

图 11-1　企业不同发展阶段的管理者职责

从管理层次的维度：

一线管理者的最主要工作是"战术"，主要集中在如何解决问题和如何提高效率的具体执行上。

中层管理者的最主要工作是"攻略"，如同角色扮演游戏里的攻略，告诉大家哪里有宝藏，走哪条路敌人最少，怎么攻击杀伤力最大等。

高层管理者的最主要工作是"战略"，告诉大家谁才是游戏里真正的幕后大反派，我们要成为什么样的英雄，迎娶哪位公主等。

无论哪个层级的管理者，都需要有大量时间用于领导和指导下属。

通过上述可以发现，在企业的不同发展阶段，创始人的角色一直在发生变化，也必须发生变化。

在初创阶段，管理是不必要的。此时组织的使命是"向外部要效率"而不是"向内部要效率"，与其花时间设计各种各样的制度、流程与框架，倒不如设定好大家都认同的业绩目标，然后一起往前冲，"省一块钱不如赚一块钱"。在这个阶段，P型的创业者更能发挥作用。

在发展阶段，战略大方向已经锁定，规划也已经完整，此时管理工作的重要性开始浮现，重点在于确保能力的复制与组织的效率。在这个阶段，假如创业者是P型人，要么得积极寻找能够代替自己做管理工作的人，要么得强迫自己转型为M型创业者，例如：

强迫自己从一线缓退到二线。

强迫自己从务实转型到"务虚"。

强迫自己下放权力和客户资源。

强迫自己"睁眼看着员工犯错"。

这种转型，可能会给我们带来极大的痛苦。以我为例，大概在创业第三年时，我强迫自己把所有的客户资源都分给员工，然后开始痛苦地发现：

工作效率下降。譬如这部分客户，原本我一个人跟进就足够，但是在分出去之后，至少要三个人才能把这些客户接下来。

工作效益下降。譬如自从我把客户分出去后，各种订单量的下滑和客户投诉接踵而来。

精力无法聚焦。原本我只需要埋头创造效益，现在却不得不分出大部分时间和精力，去看同事们的邮件，培训他们的销售能力以及纠正他们所犯的错误，导致自己完全没有时间做价值更大的工作。

在管理者痛苦的同时，员工们也很痛苦。

譬如员工在发邮件给客户之后，可能瞬间会收到我的电话，指出他们在这封邮件中的五个错误；或者员工可能会在周末早上的 8 点 30 分突然被我的电话叫醒："别睡了，你赶紧回答一下客户昨天晚上 3 点钟提出的问题。"

在我心目中，这些工作假如由我自己来做的话，完全可以实现 120 分，凭什么你连 100 分都做不到？

于是双方都很痛苦。

许多创业者会因为这种痛苦，而选择不改变。例如我有位朋友曾经在朋友圈里吐槽："在大家下班回家的时候，我正赶往下一家工厂验货。请一个助理真的能够分担我的工作吗？对于质量问题我自己都踩坑了许多次，我连自己都快信不过了，更没办法信任别人。"

许多人宁可让自己辛苦一点，也不愿意转型做管理岗位的工作，因为他们无论如何都不相信一个能力比自己差的人，能够干好自己手头上的工作。

请思考一个问题："假如一名下属，所有能力都不如你，样样工作都比你差，这是否意味着该名下属没有存在价值？"

答案是否定的。要明白这一点，我们得先理解两个概念：绝对优势和比较优势。

举一个例子。你作为上司，1 小时可以开发 5 个客户，做 5 份发票箱单；他作为下属，1 小时可以开发 1 个客户，做 4 份发票箱单。

无论是客户开发的工作还是发票箱单的制作，你都比下属强，这是你的绝对优势。

可当我们把机会成本的概念引进这个模型时，我们可以发现：你作为上司，做 1 份发票箱单的机会成本是 1 个客户；他作为下属，做 1 份发票箱单的机会成本是 0.25 个客户。

在制作发票箱单这项工作上，你的机会成本远高于下属，这意味着你不应该在发票箱单上花太多时间，而应该将精力集中在客户开发工作上。至于下属，即使你再怎么嫌弃他，再怎么看他不顺眼，也应该强迫自己顺眼。

这个是下属的比较优势。

只要员工存在比较优势，他就在公司有价值，因为他至少可以解放你花费在烦琐事务上的时间，让你能够有更多的精力思考如何让公司迈进下一个发展阶段。

虽说创业很多时候不过是一门生意，如果自己追小富而安，那么长期将自己放在 P 的岗位上没有任何问题，但我始终认为创业者在解决生计问题之后，还是得给自己设立一个稍微远大的梦想或目标，去做一些和别人不一样的事情，去为社会创造更多、更大的价值。

要做到这一点，逼迫自己跟随企业的发展阶段更换不同的岗位（即使是自己不喜欢的岗位）就成为一种必然。

尽管这种从 P 到 M 或者从 M 到 P 的转型，可能会带来阵痛。

第二部分

管理篇
从自我管理到团队管理

第12章
选择员工比培养员工更重要

选择大于努力，假如将这句话用到公司管理领域的话，那就是：选择员工比培养员工更重要。

我年轻时并不懂得这个道理，在我看来，有一定工作年限的人，思维固化会比较严重，没有办法接受太多思维层面的改造。反倒是应届毕业生，白纸一张可以随心书画，可塑性强。

于是，有一段时间我大量招聘0～1年工作经验的同事，期望通过自己的努力，把他们塑造成对自己、对公司、对社会有价值的栋梁之材。然后在公司成立十周年的时候，大家举起酒杯回忆当时每天在公司兢兢业业的经历，感叹自己这些年的成长。这种情形，想想我都觉得很有画面感和成就感。

但现实真的非常残酷，历数公司这些年招聘的0～1年工作经验的同事，大多数熬不过1年的小关口以及2年的大关口。在这些同事当中，有些人是工作能力出现问题，没有办法满足公司的岗位要求，但更普遍的情况是心态出现问题，要么由于害怕犯错于是做事缩手缩脚，结果真的犯了错；要么工作一段时间之后忍受不了简单重复的工作，一门心思干"大事业"，全然不顾自己是否有干大事的能力；要么觉得："这个社会怎么这样啊，名牌大学毕业的天之骄子，怎么来到你这儿每天不是做发票就是做箱单？干外贸难道不应该要么在机场要么在去机场的路上吗？"

于是，许多新同事纷纷选择了辞职离开。

没有做过管理的朋友可能意识不到，"辞职"二字对于个人和公司的影响是截然不同的。对于个人来说，辞职不过是每个月少了一笔固定收入，东家不打打西家，总归不会饿死吧。但对于公司尤其是创业公司而言，每一次员工辞职的影响都非常大。数据显示，招聘一名员工的过程花费，大概是该名员工年薪的50%；而当一名员工离职时，所带来的业绩损失大概是该名员工年薪的30%～400%。这几个数字里蕴含着大量的沉没成本，有时候真的足以把创业项目淹没。

假如这些员工没办法至少在公司里干满一年，其所创造的价值会远远低于公司付出的成本，更何况当时在培养员工这件事情上，我真的付出了很多精力和心血。于是每当员工提出辞职，都等同于在我的心中"狠狠地插上一刀"。工作是否能够衔接得上是一回事，我感觉自己辛辛苦苦为他人织就了嫁衣。

痛定思痛之后，我彻底放弃了在公司尚且处于创业阶段时，从零开始培养员工的想法。又或者说，不再像过往一样，无论对于哪位同事都倾尽全力去培养。多年的实践工作表明，优秀其实并不是培养出来的，而是这个人本来就很优秀，企业很多时候仅仅是起到催化剂的作用。我付出了很多，员工也成长得很快，我很高兴，觉得这是一朵自己栽培出来的"花朵",但事实上成长更多的还是靠自己的努力。

再说,对于像我这样的创业企业,哪来那么多的资源投放在人才培养上?陈春花女士在《管理的常识》㊀这本书里面提到:"管理重点要解决三个效率问题,分别是劳动效率的最大化、组织效率的最大化、个人效率的最大化。"

所谓劳动效率的最大化,简单来说是如何以最低的投入达到最高的产出,让整个组织具备更强大的支付能力,更"有钱"。

所谓组织效率的最大化,简单来说是实现组织架构、工作规范等的明确化与标准化,让组织内的人员能够像相互咬合的齿轮一样,一个带动另一个有序地运转。

所谓个人效率的最大化,简单来说是通过激励与培养手段,最大化地激发个人的善意和积极性,让他们愿意且能够输出更多个人价值。

但是这三个效率必须是递进的,企业要先提升劳动效率,然后再提升组织效率,最后提升个人效率。这意味着假如初创企业将许多精力花费在提升员工的个人效率上,将会是一种本末倒置。

于是,在接下来的人才管理中,我不再考虑太多的培养工作。又或者说在员工证明自己有和公司进行战略绑定的价值之前,公司顶多只会给予对方基础性的培养(包括价值观培训、职业化培训和岗位培训),而不再像过往一样,将每一位同事都当成自家的孩子,尝试提升对方全面且长线的综合能力。

我开始将工作的重心放在招聘上。和大多数小微企业不同,我设立了一道门槛以及一次测试。其中门槛是"学历",我要求全公司的入门学历必须是本科,测试则是"C8HR 职业人格测试"。

说起学历,这应该算是一个很有争议性的观点。每当我在社交平台发

㊀ 本书机械工业出版社已出版。

布招聘广告时，总有一些朋友说我"学历歧视"，说"学历难道等于能力吗？低学历高能力的人也有很多"。

对于这种观点，我表示理解，但关键是我应该怎样在区区几个小时的面试时间里，把"虽然学历不高但能力很高的人"给找出来。太难了。

高考这样一个庞大的筛选机制，总比短短数小时的面试更权威一些。以学历作为选择条件，至少找到人才的概率要更高一些。

作为一名创业者，我们有时候觉得学历高并不是一件很重要的事情，尤其许多创业者本身的学历也不是很高时，我们往往会觉得："成功应该来源于天赋、勤奋、努力和运气，我自己就是这么一步步走过来的，跟学历没有什么关系。"

这种观点，应用到创业者自身或许可以，但应用到团队管理上，却可能是错误的。

假如我们以自身作为一个标准，我们往往会看到"我学历低，但我能力不低"，从而忽略了在这个社会上，从大数据的角度，真的是学历越高，能力就越高。

我们到底应该相信自己在几小时面试中的眼光，还是相信对方为高考付出的青春岁月？

作为一名管理者，在对方尚且没有足够掩盖学历的其他作品时，学历高低就代表了他成为人才的概率高低。

至于职业测评，有些朋友会觉得"不准"或者"儿戏"，觉得自己的能力怎么能够被区区几十道笔试题给测出来。但根据我们这些年超过100份的测试与检验结果，它的准确率高到可怕。几乎可以说，每当我觉得"或许这个测试没那么准，面试的时候我看这个人还挺不错的，还是试试吧"的时候，结果往往是被"狂打脸"。

这份职业测评最大的意义，在于例如图12-1所示的能力模型。

096 第二部分 管理篇：从自我管理到团队管理

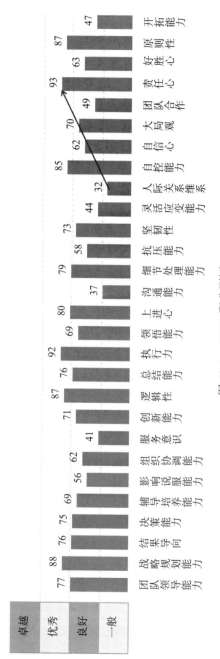

图 12-1 C8HR 职业测评

需要注意，测试分数高是否等同于他的能力高呢？

并不是，测试分数仅仅代表这个人先天的状况。在分数高的领域，他更容易做出成绩，更容易享受工作以及更容易产生成就感；而在分数低的领域，假如他硬要从事相关工作的话，则需要花费比别人更多的力气，而且他很有可能并不会觉得享受。

以我为例，"人际关系维系"是我的最低分，通过后天训练，让我去和别人打交道并不是不行，只不过我会觉得很难受。在这种情况下，假如公司把我放在需要人际关系维系的岗位上，对我是一种痛苦与折磨，对公司也是一种资源浪费。因为我很有可能花费了120分的力气，也干不出60分的成果。

所以，假如我们要招聘销售开拓人员，应该将重点放在结果导向、上进心、抗压能力、坚韧性和开拓能力上；假如我们要招聘跟单人员，对方的高分能力必然需要落在执行力、细节处理能力、灵活应变能力和责任心上；假如我们需要新同事比较聪明且能够在短时间内实现成长，应该将眼睛盯在对方的逻辑性、总结能力和领悟能力上。

当我们把"学历"和"测评"这两道门槛立起来之后，招人这件事情确实让我们痛苦了很多，但至少可以确保招进来的同事与公司的契合度更高一些，相互之间的配合更好一些，而非在招聘环节随随便便发放入职通知书：

咦，这个人口语不错啊，要了要了！

咦，这个人很勤奋嘛，要了要了！

咦，这个人形象很好，要了要了！

结果发现员工在入职之后，只会不断地带来困扰而非实现价值。

当然，许多企业可能会说："作为创业公司，能够有人来就已经不错了，哪里有资格挑三拣四，那些有能力的人也看不上我们公司啊。"

关于这个问题，请大家看第13章的阐述。

第 13 章
你不是在招人，而是在卖岗位

对于许多创业公司来说，招聘是一个永远的痛，我的朋友大蒋曾经分享过他的经历。

大蒋好不容易邀请了一位应聘者来工厂面试，由于工厂位于偏远的地方，他还承诺对方来回的打车费用可以报销。面试当天，他每隔十几分钟就看一下窗外有没有来人，结果眼睁睁地看到一辆出租车从远处驶来，停在工厂门口 1 分钟之后又开走了，然后他接到面试者的电话："不好意思我不来面试了。"

之后他羡慕地看着我说："你肯定没有这样的烦恼。"

我曾经确实没有什么招人难的痛苦，"外贸大牛"的光环让许多朋友觉得假如他们来我公司工作，要么能够赚到钱，要么能够提升能力。因此每次公司有招聘计划，我发一篇文章出去总能收到大把简历。

可是不知道从什么时候开始，这种情况开始发生改变。别提发文章了，就算是在付费的招聘平台，我们也越来越难招到合适的优秀人才。究其原因，我认为有两点。

1. 外贸行业缺乏新鲜血液的注入。

在我那个年代，外贸是一个高大上的行业，国际经济与贸易更是非常热门的大学专业，可是现在？

直播、电商、跨境、新媒体层出不穷，且不说真实情况如何，但这些行业就是年轻人眼中的"热馍馍"，谁还会向往外贸这个传统到几乎可以称为苍老的行业？尤其是那些地处偏远的制造工厂，招聘现状更是一言难尽。换我回到年轻时，也不愿意再过上下班全靠搭乘"黑摩的"的生活。

2. 年轻人始终更加向往一线城市的工作与生活。

虽说一线城市的房价高、竞争激烈以及通勤时间长，可是对刚出校园的年轻人来说，又有多少人不羡慕一线城市的生活，不觉得有更多的机会可以把握？就算是我，刚刚到深圳开分公司的时候，都被这座充满活力的城市刺激得热血沸腾，觉得自己明年一定要在深圳买套房，一定要在这样的大都市定居。

一线城市，对于优秀的人才有着天然的吸引力。而对于广东顺德这样的二、三线城市来说，除了家本来就在这里的人们，除了投奔知名大企业的人们，又有多少年轻人（尤其是应届毕业生）会骄傲地说："我将来要去顺德工作？"

结果就是：当整个池塘都开始枯竭时，我们又能够捞上来多少大鱼大虾呢？

这意味着，从"道"的层面，我们固然要努力去摆脱不可避免的行业影响，例如我的公司自成立那天起就一直在寻求转型升级，从一开始的传统采购公司，到后来的新贸易公司，再到未来的产品公司，一步一步"出圈"，争取成为一家年轻人喜欢的公司。但在"术"的层面，我们也需要改变一直以来的招聘思路，从"招人"转变为"卖岗位"，简单来说，就是用销售的思维去做招聘。

传统的招聘工作是怎样的？

在招聘网站上发广告，有人投简历了再安排面试，面试合格后发入职通知书……但细思一下我们可以发现：这个流程，像我们目前在 B2B 平台上等询盘和开发客户。客户要是不主动，我们几乎做不了什么事情。整个流程，或多或少透着一股高人一等的味道，但现在的年轻人还吃这一套吗？

例如前段时间面试的一位应聘者，当我问对方在工作中最不能接受的是什么时，对方说最不能接受的，是过于严格的管理制度，例如：

每天早上 10 点要做眼保健操，不做要扣钱。

基层员工只能穿浅色衣服，高层才能穿深色衣服。

基层和高层不能搭乘同一部电梯。

这样的制度，可能只有我这个年代的人才能接受吧，年轻人一看就抵触，毕竟他们崇尚"自由无价"。尤其随着社会发展，人们生活水平提高，许多年轻人并非不努力工作就吃不上饭，工作干得不顺心就换一家公司，没有什么大不了的，他们的退路太多了，为什么非得选你这家公司？

更何况，假如我是福利好、待遇高的大型公司，或许还能够让部分人为五斗米折腰，可我只是一家创业公司啊！

此时，我不能再使用传统的招聘方式。对于适合公司的人才，除了主动出击外，还必须用好销售工作中的两大利器：需求管理和方案呈现。

1. 需求管理。

到底什么是需求？在销售领域，需求是你需要解决的问题，或者需要达到的目标。但是，绝大多数人，尤其是算不上优秀的人，是没有明确需求的。准确来说，他们只知道自己不要什么，但不知道自己想要以及能要什么。

有看了一些外贸方面的纪录片或者文章，说外贸是自己的理想工作的。

有因为上一家公司是搬运工式的贸易公司，老是因为价格高接不到单，说自己打死不再去贸易公司的。

有因为上一份工作每星期只休息一天，说一定要找一家双休公司的。

有因为同期毕业的同学月薪已经达到7000元，说自己的薪水无论如何不能低于这个数字的。

有因为大学离开父母的时间有点长，说想要在家附近工作的。

有因为上一份工作的管理太严格，说希望人性化管理的。

上述这些都不是需求，仅仅是对方的期望，而且这些期望随着认知的变化，也会随时发生变化。例如那些说要多点时间陪伴父母于是在家附近工作的人，和爸妈住在一起后却整天吵架，一气之下又辞职跑到另外一个城市的情况也实在不少见。

这意味着，假如我们一味跟随应聘者的期望跑没有意义，一开始我们就要抓住隐藏在他们期望背后的，说不出口的需求乃至动机。

那么，到底什么是人才真正的需求，钱吗？

答案并不是，或者说并不止。

可能有朋友要提出反对意见："你说钱不是人才真正的需求，但为什么一大堆人对钱看得那么重？甚至有时候因为我们和别的公司仅仅是 500 元的工资差距，对方就不来了。"

要理解这个，我们得详细剖析"马斯洛需求层次理论"。

马斯洛需求层次理论将人类需求从低到高按层次分为五种：生理需求、安全需求、社交需求、尊重需求和自我实现需求。

什么是**生理需求**呢？呼吸、水、睡眠、食物这种维持生理需要的最基本需求。在职场上，我们可以把生理需求理解为物质报酬，因为假如没有收入，所有这些维持生命的需求都没有办法得到满足。

安全需求，则是对人身安全、家庭安全、财产安全、健康保障等的需求。在职场上，我们可以把安全需求理解为员工对一份安定有良好晋升通道工作的需求，不用时刻担心被公司辞退。

社交需求，包括友情、爱情等，是对人际交往、情感交流方面的需求。在职场上，我们可以理解为员工对公司里单纯、友爱的人际关系以及和谐融洽的团队氛围的需要。

尊重需求，包括对自我尊重和被他人尊重的需要，对自己有信心、对社会有热情、对工作有成就感，能够感受到自己在社会上的地位与价值。在职场上，就是员工希望得到公司对自己工作的价值认可。

自我实现需求，则是有能力实现自己的梦想和抱负，享受工作的过程而不仅仅为了达到某一个结果。用大白话讲，就是："不一定想干什么就能干什么，但不想干什么就一定能不干什么。"

这五个需求层次，大家认为哪个更加重要呢？答案是：没有什么所谓的"更重要"，在个人所处的需求阶段内，这个阶段的需求对于他来说，就是最重要的。

与此同时，还有非常重要的四点解析：

（1）生理需求是一切需求的基础。假如一个人的生理需求没办法得到满足，公司给他画再大的"饼"也没有意义，就好像你跟一个尚且挣扎在温饱线的基层业务员整天说什么战略愿景，什么公司上市之后怎么样，没有任何意义。

（2）生理需求和安全需求能够通过外部驱动力满足，但一旦这两个需求得到满足，就不再成为驱使行动的激励。也就是说，当一个人已经过了需要钱的阶段，你给他再多钱也没办法达到驱使对方工作的目的。

（3）当某一层次的需求得到基本满足的时候，追求下一层次的需求满足会成为驱使人们行动的动力。

（4）尊重需求和自我实现需求只能够通过内部驱动力满足，而且人类对于这两者的需求是无止境的。

根据上述我们可以得出一个结论：同样的激励手段对于身处不同需求层次的人来说，作用力是不一样的。例如"发钱"等物质手段，对于尚且处于生理需求和安全需求阶段的人来说，是一种激励手段，但对于已经身处社交需求阶段的人来说，发钱还不如组织一场公司的旅游活动；而对已经身处尊重需求阶段的人来说，发钱还不如给象征着荣誉的头衔；至于对身处自我实现需求阶段的人来说，发什么都没有意义，因为他根本不需要外部的驱动力。

回到刚才的问题，为什么似乎那么多人只看重钱，原因很简单：

（1）对方目前处于生理需求阶段，他确实最需要钱。

（2）对于在职员工来说，假如你的公司除了工资之外什么都没有，没有安全感、归属感、和谐氛围、成就感以及没办法感受到尊重，对方只能够用钱衡量判断了。还继续留在公司纯粹是因为钱暂时能够掩盖其他的需求,但一旦有更好的机会,他会毫不犹豫地离开你。

(3)整个面试过程你只让对方看到钱,这个时候不谈工资的话能够谈什么?就好像我们做销售,和客户一见面就谈价格,这个时候客户除了砍价之外,还能做什么?

所以我们要做需求确认(这个动作靠"问"),同时还要做需求管理(因为对方的需求可能仅仅是"自以为的需求")。

到底什么是需求管理呢?

例如我们去餐厅吃东西,想着点 A 套餐。此时服务员说:"先生您好,B 套餐是新出的产品,而且大多数顾客都反馈味道还不错,您有没有兴趣试一下。"我想了想,A 跟 B 对于我来说没有什么太大区别,确实可以试一下,于是点了 B 套餐。

假如餐厅最近主推 B 套餐(不管因为利润较高还是存货较多),那么服务员的这个动作,就是需求管理。

2. 方案呈现。

传统的面试流程是怎样的?

"来,请介绍一下你自己。"

"你为什么离开上一家公司?"

"说说看你最有成就感的一件事情。"

直到最后才不疼不痒地说一句:"你有什么要问我吗?"

我不能说这个流程有错,只不过类似的面试流程容易带来两个问题:

(1)容易让求职者感受到不平等,除非对方在一开始就很想加入你的公司。

(2)很难让对方更了解你的公司,并确信你的方案能够满足对方的需求。

这就是为什么许多人在接了你的入职通知书之后最终选择了不来上班，因为你只了解他，而他却不了解你。

破解的办法，是从销售的角度切入，把"审问"变成一场平等的沟通。

想象一下，你在安排客户的来访接待时，会一直问对方问题吗？你是不是会准备PPT，甚至鲜花、茶点、小礼物？你是不是会在客户到来之前就跑到楼下迎接？

为什么要做这些？不外乎是想给客户营造一种专业、用心和重视的感觉，让对方产生兴趣、加深印象、建立信任，然后在砍价的时候能够少砍几刀。

在招聘上我们当然不至于做到这么隆重，但你越用心，越关注细节，越能体现出你和其他公司的不一样。

例如当你通知对方面试时，到底是打个电话就算数，还是通过正式的渠道（不管是邮件还是微信）发送正式的面试邀约，同时清晰写上你希望对方准备什么，以及可以去哪里搜集信息，还有到达面试地点的大致路线？

例如你在安排面试流程时，到底是尽可能尊重对方的时间，减少对方来回奔波的次数，还是想起来就叫对方跑一趟，今天人力资源面试，明天部门主管面试，后天公司总监面试，大后天企业老板面试？

例如你一开口就是"介绍一下自己"以及"你了解我们公司吗"，还是穿插着介绍自己公司的文化、价值观、发展前景和竞争优势？

例如你是随口说一句"明天能来上班吗"，还是给对方发放正式的入职通知书，列明薪酬待遇和工作情况？

这些不是满足需求的方案，却是方案中非常重要的前置条件，让对方觉得你的公司是家可靠的公司，从而信任你提出的方案。

到底什么是方案呢？

首先，方案即"解决方案"。

有问题才需要解决。什么问题？当然是职业生涯的问题，优秀的面试官必须是个职业生涯诊断师，善于通过沟通发现对方存在的问题。

对方必须承认这个问题。也就是说对方已经意识到问题的重要性和解决问题的急迫性（例如清楚自己的职业生涯确实达到瓶颈），否则即使他确实有问题，但是他并不承认（不管客观上意识不到这是一个问题，还是基于某种动机在主观上回避这个问题），那么我们的方案也没有意义。

方案必须有可测量的改进效果。譬如"你过往职业生涯的问题是缺乏专业人士的指导。假如你来我公司的话，我给你安排一个公司最厉害的销售当师傅，我们共同制定3个月独立跟进客户以及6个月实现××收入的目标，入职一周之内给你实现目标的学习与工作计划。"

其次，一定不要过分夸大。

假如对方的问题我们能够解决，自然要将方案呈现出来。但假如对方的问题我们没有办法解决，最好实话实说。

有些面试官基于担心招不到人的心理，会不自觉地放大和美化自己公司的情况，或者只说优点不说缺点。

本来公司一年只做三千万的业绩，夸张说成六千万。

本来公司没有展会计划，说今年计划去某某国家参展。

本来公司的办公环境比较一般，说很快要换办公室。

本来公司在拉美地区没有客户，说有几个大客户在谈。

这种做法其实是错误的，我们不是要找到绝对意义上的优秀人才，而是要找到相对意义上的合适人才。每个人能够匹配的企业阶段和外部环境不一样，我们的目的不是员工入职，而是让对方创造价值，即使我们把对方"吸引"进来，或者过分拔高对方的预期，结果对方在做了一个月之后发现公司的实际情况和面试时所讲的根本不一样，然后愤而离职，作为企业我们浪费的成本将难以想象，还不如一开始将实际情况讲清楚。

假如我们能做好需求管理和方案呈现这两步，即使最终不能够"成交"，我想大概率只因为我们是"创业公司"这个客观原因而已，毕竟在许多人认知里，创业公司本来就意味着不稳定。

最后，在供应链管理领域我们常说："不能够用管理来代替选择，但也不能够用选择来代替管理。"选择合适的员工入职固然是一方面，给予对方一定的培训和合适的绩效考核管理也是很重要的一方面，关于这个领域的话题，我们在下一章再来做详细阐述。

第 14 章

如何培养员工的岗位技能

劳动者和用人单位之间,天然存在着关于"培训"的矛盾。

大多数员工尤其是基层员工,都很追求"培训",尤其刚走出校门的应届毕业生们,总以为自己来企业工作是来学东西的,譬如我曾经遇到过一位年轻人说:"我能不能不要工资去你公司上班?我想要学习。"

可是对于企业来说:

1. 培训需要成本,将培训的时间和精力放在客户开发工作上,不是更划算吗?

2. 培训需要能力,尤其是小微型企业,根本不知道可以培训员工什么。毕竟不管老员工还是企业主,很多时候也是靠着经验稀里糊涂一路走过来的。

3. 在许多情况下,企业即使举办了培训,员工的能力好像也没有什么提升。譬如我在公司也做过不少关于职业化和工作效率的培训，举办过好几场业务案例讨论会，但培训过后，员工该出的差错还是会出，该踩的坑还是要再踩一次，有时候我感觉这些培训好像白做了似的。

4. 真的把员工的能力培养起来，反而有可能加速对方的离开。例如我曾经有位同事说过："刚刚进公司的时候，其实是懵懂的，于是公司让我干什么就干什么；工作了一段时间之后，心智和眼界被打开，开始思考'自己到底要什么'这个问题，然后辞职离开。"

所以曾经有位朋友说他们公司从来不搞培训。毕竟对于员工来说能干好本职工作就行，能力根本不需要多强，"瘸腿走路"的话，员工反而不容易到外面找工作。

我不太认可这种观点，某种程度上，培养员工的能力确实是一笔回报率不算高的投资。但我没办法将每个员工都看作冷冰冰的赚钱机器，我希望即使未来有一天他们离开公司，在偶尔回想起我和公司的时候，还能够稍微感谢我对他们的付出，以及不后悔自己在公司的这段岁月。那么，较为平衡的做法是设计一套技能培训机制，而不是能力培训机制。

以我公司作为例子，针对新入职的同事，我们一般都会有个为期三个月的培训计划。

1. 价值观培训。

根据公司的底层价值观："谦虚务实，勤于思考，勇于变化，乐于分享"，期望每位新同事在这一个领域都是和公司相契合的，毕竟能力匹配的双方能够走得更快，但价值观匹配的双方能一起走得更远。

2. 工作流程培训。

内容包括公司的各项规章制度和流程工具，例如钉钉、企业微信、

CRM、进销存等，以及各个工作领域的相关模板。

3.好书推荐。

根据对方所需要提高的领域推荐对应的书籍，例如我们在入职测试时知道某个员工的逻辑能力比较弱，会给他推荐《金字塔原理——为什么精英都是逻辑控》这本书，请对方在三个月之内读完，并且每个星期写一篇读后感。

4.产品培训。

和许多公司的产品培训不同，我们并不会花费太多的时间和精力在纯粹的产品与技术层面，这对于员工来说其实没有太大的意义。我们更多的是从市场和客户的角度去理解产品，例如，客户到底关心什么问题？产品能如何帮助客户的业务？终端消费者又能从产品中获得什么利益？

5.职业化培训。

说起职业化，许多人会以为这是为刚出校门的应届毕业生准备的，至于已经打拼多年的职场人哪里会需要这个？

事实并非如此，举个例子。

大家应该都学习过"统筹原理"：假如煮开水要10分钟，洗碗要10分钟。我们应该做的是先煮开水，然后在等待水沸的同时洗碗，这样在洗好碗的时候，水也一并煮好了，我们总共需要花费10分钟。但将这两项工作反过来做的话，我们则需要20分钟才能够获得同样的结果。

听上去很简单，似乎但凡是个成年人都能想到，但在实际的工作中，却往往发生相反的事情。例如我们上班打开电脑的时候收到两封新邮件，一封是A客户要求报价，另一封是B客户要求我们发某份只有供应商才能提供的文件，正确的工作顺序是什么呢？自然是先找供应商要文件，毕竟我们不清楚供应商需要多长时间才能够提供文件，自然得预留更多的时间，然后在等待供应商发文件的同时处理客户报价。但是，在现实的工作当中，许多人的做法却是先处理凌晨三点的邮件，再处理凌晨五点的邮件，完全按照先来后到的时间顺序，而没有考虑到统筹原理，最终往往会导致工作效率低下。这其实是不够职业化的一种体现。

在入职培训当中，我们使用七个主题去阐述职业化这个概念，包括：

什么才是真正的职业化？

如何借助工具提升工作效率？

统一认知在工作中的重要性是什么？

如何做好工作的反馈？

如何与不同部门进行工作协同？

如何实现精准沟通？

如何高效处理日常工作？

6. 总结输出。

假如仅仅做单向输入的培训，效果其实不会太明显，例如我们上学的时候，一个班 45 名同学，老师都是一样的，讲的内容也一样，但为什么有的人学习成绩好，有的人学习成绩差呢？同样的输入，在不同人身上的转化肯定不同，关键的是假如仅仅是单向的传输，我们没有办法确认对方到底转化了没有，以及到底转化了多少。

因此，必须通过员工自己的输出来验证。在培训的过程当中，我们会要求新同事写总结，每周写一次，阐述自己学到了什么，思考了什么，又在工作中尝试做了什么。与此同时，对于某些重要的话题，还需要上台做分享。

这个做法，应用了著名的"费曼学习法"。

所谓费曼学习法，源于诺贝尔物理学奖获得者理查德·费曼，我个人认为这几乎是世界上最强大的学习方法。简单来说，它包含如下四个因素：概念（concept）、教授（teach）、回顾（review）、简化（simplify）。

1. 概念。

"能看懂"和"已掌握"是两个完全不一样的概念，两者之间最大的区别在于是否能够实现输出。

举个简单的例子，我们这一代的广东人，大多数都是能够看懂繁体字的，例如"龍、馬、魚、蝦、錢"，每一个字我们都认识，可我没办法提起笔将这些字写出来，原因在于我们并没有真正地掌握它。

所以事实上假如要真正地掌握一门知识、一个概念，关键的第一步是在学习之后，尝试将它写出来，能做到这一步，才算是初步掌握概念。

2. 教授。

自己一个人躲在屋子里记笔记是没问题，可是你怎么知道自己记下来的东西是正确的？

每个人都需要通过外界的反馈才能够知道自己哪点做得好，哪点做得不好，哪点之前自己根本没有考虑到（我将这个过程称为"照镜子"），所以我们必须尝试将自己理解的东西分享、传授给别人，而且这个人离我们想要分享的知识领域越远越好（例如6岁的小孩子，80岁的老奶奶，跟你不是同一工作领域的同事）。

3. 回顾。

在输出和传授的过程当中，你一定会遇到问题，不管是说得结结巴巴还是想得思维卡壳，还是对方根本听不懂你在说什么。

没关系，我们可以再次翻开书页，带着问题去看是否能够在书里找到答案，假如找不到答案，又是否有其他的渠道可以找到相关的信息（例如通过谷歌搜索）。

此时，知识会逐渐在我们的大脑中凝固，慢慢变得不容易被遗忘。

4. 简化。

开始尝试用简单直白的语言阐述概念，正如我在书中经常说到的那句"举一个简单的例子"。

例如，到底什么是沉没成本呢？

假如用教科书的语言，那么它指的是由于过去的决策已经发生了的，而不能由现在或将来的任何决策改变的成本，我们在做决策的时候，不能够因为沉没成本的存在而影响现在的决策。

但假如用我自己的语言，则是：你和男朋友拍拖一年之后，才发现原来对方是一个"渣男"，此时无论你选择分手还是选择继续下去，这一年的时间和付出，都已成为你的沉没成本，永远收不回来。

上述就是我们公司的培训方式，通过费曼学习法，推动员工们的学习，以及验证他们的成果。

最后，经过那么多的培训，是不是意味着员工能够胜任工作了呢？答案是否定的，根据微软的721模型：

所谓7，指70%的经验和能力来自工作，在工作中锻炼。

所谓2，指20%的经验和能力来自他人，从他人的经验和错误中学到东西。

所谓1，指10%的经验和能力来自正式的培训。

所以很遗憾，事实上许多的培训工作，能够给员工带去的价值和公司所需要花费的成本根本不成比例。对于创业公司而言，最好的做法绝对不是选择培训（不管是自行培训还是送员工们接受外部的培训），想着如何教他们东西，而是以案例讨论会的形式，让他们在实际工作中和相互学习中，得到岗位技能的提升，而不是综合能力的提升，毕竟，这才是许多人赖以生存的基础。

而且事实上，根据这么多年创业的经验，许多员工出现问题，往往并不是技能、能力上出现问题，而是心态上出现问题。

第 15 章

正确看待员工的心态问题

能够在创业这条路存活下来的人，大抵会有两个特质：

能力上是多面手。上马杀敌干得，下马耕田也干得。

心志上足够坚韧。原因无他，失败得足够多而已，就算不坚韧，也已经麻木了。

站在员工的角度，可以理解他们不一样的想法。

同样一件事情，在我们看来可能仅是一次必要的试错，是创业道路上的一点小波澜。可是在员工看来，可能觉得是一次彻底的失败，轻则怀疑自己，觉得自己是不是能力不行，是不是不适合这份工作；重则怀疑环境，觉得公司是不是快不行了，做什么都失败、干什么都亏钱，行业是不是在走下坡路，自己现在还干这个是不是在浪费时间。甚至觉得社会乃至命运是不是在跟自己开玩笑，为什么别人都已经开始买房买车，自己却依然在苦苦挣扎？

归根结底，还是因为许多人接受过的挫折教育不够，在家集万千宠爱，在校又是天之骄子。进入社会之后，发现随随便便一个人都能超越自己，于是瞬间产生极大的落差。譬如我有位同事，高中时每次考试都是全班第一，自信得不得了，到大学后发现自己无论再怎么努力也比不上同班同学，心态一下子从自信转为自卑。

随着负面情绪越积越多，渐渐他们可能开始产生心态不稳的问题，甚至出现心态崩溃的现象。

当员工遇到情绪或者心态问题的时候，我们应该怎么办？

加油和鼓励没用，严厉要求更没用。

例如我刚出校园的那年，对于打电话给陌生客户这件事感到非常恐惧。每次打陌生电话时就手心冒汗腿发抖，每打一次电话都得先给自己做 30 分钟的心理建设。电话打过去之后要是没有人接，我还会觉得庆幸。对于这样严重的心理障碍，你再怎么跟我说"不要怕""没事的""客户又不能顺着电话线过来吃了你"，有用吗？没用的，心态问题是一种严重的认知问题，无药可治，别人也帮不了什么，只能靠自己扛过去。

管理者或许会选择让有心理障碍的下属迎难而上，让他们进行刻意练习，"你一打电话就发抖害怕是吧？行，那就多打几次电话，打得多自然就不抖了，慢慢总会习惯或者麻木的"。

事情干多了确实会麻木。可绝大多数员工都是普通人，在他们感到麻木之前，可能最先到来的是压制不住的挫折和恐惧，最后情绪崩溃，根本撑不到习惯的那一天。

这意味着，让对方迎难而上，结果反而会事与愿违。

曾经在网络上看过一篇讲述"职场不相信眼泪"的文章，几年前我也持这种观点：

"老板的时间是最值钱的，不应该拿来做杂事。"

"不要渴望公司给你温暖，给你工资本来就是温暖。"

"公司付钱让你工作，学校才是你交钱学习的地方。"

我曾经恨不得将这些话打印出来贴在每位同事的座位上，让大家一抬头就能看到。

几年前确实流行过"职场军事化管理"：我说，你做，不要问为什么。

这种做法，把人类当成机器人看待。但人毕竟不是游戏里的路人角色，人有情绪、态度、疲劳值和自我价值观。20世纪的职场人可能还会因为工作选择压抑自己的天性，但现在的年轻人还会和之前一样吗？

我们常常抱怨"现在的年轻人和我们当年真的不一样"，可是我们有没有想一想，真相可能是时代不一样了。

假如我们依然采取上一个时代的管理方法，结局往往会是当我们觉得员工有所成长，想要表扬几句的时候，对方却在崩溃当中选择了离开。尽管几年之后当他回想起这段经历时可能会感谢我们，可是到了那个时候，这种感谢对于公司来说又有什么用呢？

管理的首要目的是给公司提速增效，而不是帮其他公司培养人才。

当我真正想明白这一点时，我采取了两种措施。

1. 放平自己的心态，收敛自己的气压。

员工是人而不是机器人（尤其大多数员工只是普通人而已），他们有情绪、会迷茫、常焦虑，在失败和犯错的时候也会感到恐惧。每当这个时候，我们要做的不应该是指责他们"这点小事都做不好"，而应该是"让我们来探讨一下为什么会发生这个错误"。

说实话，站在员工的角度，失败本身已经很让人难受了，我们没有必要火上浇油，这反而会更加背离我们的目的。

在销售领域有一句话："我们不要赢了辩论却输了订单"，这句话在管理领域也适用。

"闻过则喜"这种事情，真的只有很少一部分人能够做到。不管是谁，被当面指出来自己犯了错误，即使他真的知道错了，也很容易由于面子挂不住而产生抗拒情绪。

很多时候我们要谨记自己的目的，不是让对方知道自己错了（辩论），而是要达成我们想要的效果（订单），需要谨慎选择场所和方法，用一种委婉的方式让对方自己意识到问题所在，并最终引导他们实现我们提速增效的目的，而不是明明自己的想法是为了对方好，最终的结局反而是将对方更加用力地推开。

最好不要让员工对我们感到恐惧并逐渐疏离。

2. 采取沟通的手段解决问题。

我曾经看过一本名字为《深度管理》的书，全文围绕着"沟通"二字展开。一开始我觉得很奇怪，不是说"管理"吗，为什么整本书讲的都是如何跟下属开展沟通工作？但后来我明白了。

当年我在中国500强企业工作时，公司的内耗非常严重，我每天的工作时间只有20%能够放在客户身上，剩下的80%都是用在各个兄弟部门上。今天拜托计划部门帮忙早点排产，明天拜托采购部门帮忙早点采购物料，后天拜托仓储部门早点安排人手装我的货。假如没有我的沟通，在混乱的工厂里面每批货的出货时间都会推迟5~10天，这又何尝不是"管理"，何尝没有带来提效和增速呢？

"管理"一词，在许多人的认知中被赋予了和"领导"相同或类似的职能。我们用英文 management 会更加容易理解一些，I manage to do something，借助某些资源、某种办法实现某个目标，这其实才是管理的本义。

沟通本来就是管理工作中很重要的一部分，尤其对创业公司来说，没有那么多的制度和条条框框，不需要太多的管理手段，沟通就是最好的管理。

在理解了这一点后，我开始改变自己的管理方式。每个月都会专门抽一个时间，和每位同事探讨他们在这个月里遇到的问题，对接下来工作的想法，是否遇到焦虑和迷茫，可以如何去解决，等等（当然随着公司越来越大，这部分沟通的工作我已经交给同事了）。坦白讲，这种做法真的很累（想象一下，即使只有 10 位同事，每位同事就算只沟通 30 分钟，加起来也需要 5 个小时），但真的很值得，因为几乎没有一个员工会主动敲开老板的办公室大门，说："我有个困惑想和你探讨一下"，一般他们只会敲开你的门说："不好意思老板，我想辞职。"

既然如此，我们必须走下"神坛"。30 分钟虽然不算什么，但这表达了我们的态度，是一种开放思维的善意释放。至少，当员工开始钻牛角尖的时候，我们还来得及把他们拉回来；至少，当他们萌生了离职想法的时候，我们不会是最后一个知道的人，然后在措手不及当中手忙脚乱。

分享一个真实案例。

我有一位同事，入职前曾经在我的老东家工作了五年时间。

对于在老东家工作过的人，我一直抱有很大的好感，因为老东家虽然是一家中国 500 强企业，但由于管理水平跟不上自身的规模，导致公司内耗非常大，很多工作必须靠业务人员全力推动才能够开展下去。能够在这样一家公司五年，能力强不强暂且不说，抗压能力和坚韧性肯定比一般人更强。

新同事入职之后，果然给不少工作带来了闪光点。譬如我们公司推崇用输出倒逼输入的"费曼学习法"，每位新入职业务岗位的同事，都必须在学习一段时间产品知识后，制作一份产品资料PPT，并且用自己的语言向其他的同事讲述自己学习到的产品知识。新同事的那场产品知识讲述让我感到非常惊讶，因为她除了正常的产品知识分享外，居然还回答出了我在现场临时提出的问题，这意味着她并不是靠"背"将知识记忆下来的，而是有对产品知识进行充分的理解。

我不禁感叹："这次公司果然没有招错人。"

既然是人才，自然值得公司给予更多的信任和更高的要求标准，于是我们开始将更多的工作交给她去独立完成，譬如给客户的某张订单计算快递费。

运费计算，不是一件表面上看起来那么简单的工作。

首先，它并不是简单的单价乘以重量就可以得出来的数字，还要计算"首重"和"续重"。

其次，物流行业有一个叫"体积重"的概念，当货物的体积较大，用体积计算的重量大于实际重量时，运费计算以体积重作为基准。

再次，根据快递和空运这两条不同的渠道，计算体积重的方法各有不同。

然后，在外部环境不稳定时，运费几乎是"海鲜价"，报价时拿到的预计运费和出货时的实际运费，可能会天差地别。

最后，在货物入仓量尺寸时，有些仓库人员会"不小心"将尺子歪一下，然后将货物量长了几厘米。假如我们在送货物进仓之前自己没有量过并将数字拍照留档,到时候很难和对方争辩。

所以,运费计算其实是一项复杂的工作。但既然新同事之前曾经有五年大公司的工作经验,想必这些小问题不会成为障碍,于是公司放心地将这项工作交给她。基于信任,在拿到她提供的运费数字后,负责销售前端的同事也没有做任何复核就直接报给了客户。

然后,问题发生了,由于上述种种因素的影响,货代在商品入仓之后核算的运费,足足比我们报给客户的价格贵了 10 000 元。

怎么办?这笔钱不能跟客户要,自己"啃"了又不甘心,最终只能让新同事的上司出马,和货代争执谈判了几个来回,才最终将损失降到了 1000 元以内。

这不算是一件多严重的业务事故,可自从这件事情后,我发现新同事的头顶仿佛有了肉眼可见的乌云。她说话愈发小声,工作愈发小心,害怕再次犯错误。

在职场中,并不是小心就有用的。你越害怕犯错误,往往越容易犯错误;犯了错误之后会被上司骂,骂完之后又会更加害怕,一害怕又得更加小心,然后再次犯了错误,陷入死循环。

之后有一天,在新同事又一次在运费问题上犯错误时,她的上司直接敲开我的办公室大门,怒气冲冲地说:"我招人是为了降低自己的工作量,而不是为了给别人当保姆。现在我不光得做自己的工作,还得干属于别人的活,这样的人招来又有什么意义?"

此时,我基本可以确定,这位新同事已经没有办法胜任该岗位了。

直接辞退吗?对方是能够在老东家这样环境恶劣的地方待五年的人啊,我实在想不通为什么会发生这样的情况,开始时一切不都好好的吗?

我决定和她谈一谈。

第二天，我把新同事请到办公室，一番详谈之后，我终于明白了。

我和她虽然都是在同一个老东家，但她所在的 A 部门属于集团公司的高利润部门，而我所在的 B 部门一直都业绩垫底，大家的地位不一样，A 部门不管制度还是分工都比 B 部门要好得多，许多工作根本不需要自己操心。以物流费用为例，B 部门的我们可能每一个数字都要自己算，但 A 部门的她们，基本上转发邮件给后勤岗位，收到回复后再转发给客户就可以，不需要自己多操心。这就是为什么，许多我认为是基础知识的东西，新同事却一无所知。

另外，正因为 B 部门的我们什么事情都得自己跑，所以极大地锻炼了和技术、生产、物流、采购等多个外协单位同时沟通的能力，以及处理突发事务的能力（不管采购突然告诉我们纸箱缺货，还是生产突然告诉我们明天产品上不了生产线，这些都需要我们自己处理）。但 A 部门的她们，由于本身地位超然，许多外协单位本来就得围着她们转，根本不需要操心协同的工作，也不需要和那么多人打交道，处理那么多的突发事故，自然缺少这方面的能力。

更何况新同事本来就不是擅长和人打交道以及处理突发事故的人。

她擅长的事情，其实是一个人静静地在某个领域内钻研，譬如刚入职时的产品知识输入与输出，以及后来偶尔帮忙的新产品说明书设计等。

她喜欢的东西，也不是做外贸。之所以在老东家五年，纯粹是因为她不清楚自己想要以及能做什么。

至此我基本确定，并不是新同事不能胜任工作，而是公司将她放错了工作岗位。例如一个平时完全没办法和陌生人说话的"社恐"，你却非将她放在每天必须打 200 个陌生客户开发电话的岗位上，她能干好工作吗？她的心态能不崩坏吗？

商量过后，我最终将这名新同事调岗到运营部。既然她喜欢并擅长一个人静悄悄地钻研，而且之前有迹象表明她能够将可视化的文件做好，那就从设计销售材料做起吧，例如说明书、规格书、海报、PPT、包装盒等。假如她能够适应调岗之后的新工作，我们再一起探讨应该如何进一步扩大她的工作领域，让她能够创造更多的价值。

我在之前的文章常说："选择大于努力，我们永远不会知道，哪一天的哪一个选择，会在不知不觉当中成为自己的历史转折点。"后来的事实证明，这一次转岗选择，确实成了她和公司的转折点。

对于公司来说，之前运营部门的同事主要负责国内市场以及C端用户的运营，对于国外B端客户，且不说是否能够理解对方脑子里到底在想什么，光是英语表达这一关都成问题。而新同事之前干了五年的传统外贸业务，对于B端客户的思维有一定了解，也有深层次理解产品的能力，再加上重点本科毕业英语八级，可以弥补当前运营部的能力短板。

对新同事个人而言，在脱离让她感到崩溃的工作内容后，她开始变得越来越开朗。例如每周一公司开例会时，以前的她只能说几句不咸不淡的工作汇报，然后就把话筒递给下一位同事，有时候即使我想提问，也不知道从哪里问起。但现在的她，工作汇报的内容越来越多，越来越具体，甚至开始能和我进行一些即时的现场讨论。

而且随着压力的释放和心态的转变，新同事的作品数量越来越多，需要上司修改的地方越来越少。

例如，我们公司原本的产品规格书是在Excel表格里填数字，新同事觉得这种形式过于"干巴巴"，将其改成带有营销传播功能的可视化PDF文档；在"啃"了十几遍英文版的学术论文之后，她提炼出某些关键的信息，做成客户容易吸收的可视化海报；她整天泡在海外同行的网站上，看有哪些海报设计或者哪些广告关键词更加符合外国人的审美和习惯，可以用来借鉴参考；在公司的新官网即将上线之际，她做了一份包括内容创作和渠道推广在内的完整运营计划。

连她之前的业务部上司，都好几次夸奖她："仿佛身上有了光芒。"

讲述这个案例我想阐述的是：在团队管理这件事情上，沟通确实是关键的工作之一。假如在业务事故发生时，我没有选择沟通，而是选择简单粗暴地将对方辞退，相信结局会非常不一样。

最后，"人"这种因素的存在，让沟通成为管理很重要的一部分，但无论如何，"管事"始终比"管人"更关键。

第 16 章

到底什么才是真正的管理

到底什么才是真正的管理？

在多年思考之后，我得出如下几个关键词：统一认知、目标管理、明确路径、建立措施、监督执行。

第一个关键词：**统一认知**。

在我看来，上司和下属、企业主和员工之间，最大的障碍来源于认知层面的不一致。

举几个简单例子。

曾经有一年，原材料的成本出现急剧上升的情况。我所在的集团公司扛不住了，要求所有的销售订单，即使已经和客户签署了合同，也必须涨价才能下到工厂；即使已经生产完毕放在仓库里的货物，也必须涨价之后才能出货。

这个命令合理吗？在我们销售看来，简直太不合理了！哪有这样做生意的，低价把订单接下来，然后威胁客户涨价？这不是耍流氓嘛！我们认为公司应该像电视剧里的情节一样，宁可自己亏钱也要严格履行合同。

然而公司却觉得："这次亏损我要是真的吃下来，明天就得破产，跟没命比起来，涨价又算什么？而且我要是倒下了，集团3万人的生计怎么办？以后还有谁给客户提供性价比这么高的产品和服务？"在公司看来，又会觉得涨价是一个无奈但又正确的决策。

可是，假如公司不将这种信息传达给一线员工的话，谁又能够理解公司的难处呢？

一旦双方出现这种认知层面的不理解，结局只会是一线员工要么拼死抵触，例如直接选择离职；要么阳奉阴违，能不涨价就不涨价，能涨少点就涨少点。

我的创业者朋友老牛跟员工们说："今年咱们公司搞一场盛大的企业年会吧，放权给你们，大胆地搞。"员工们一听可高兴了，苹果手机、平板电脑等奖品全部都给安排上。

最终，年会搞起来了，场面确实非常盛大，大家也玩得很开心，但老牛的脸却全程都是黑的。为什么？

因为这根本不是他想象中的画面。在他的想象中，应该是"所有人都在感恩公司"的画面，而不是"所有人因为奖品而兴高采烈"的画面。

于是他的员工懵了："不是你要求盛大的吗？我们都做到了呀？"

朋友的老板K是一名非常感性的人，每次公司开新项目，都会马上制定一个宏伟的目标，然后要求大家立刻往前冲。

譬如新产品出来了，老板 K 会马上冲到大办公室，对着所有销售说："今年我们要做 3 个亿！不要磨磨叽叽地发邮件了，马上打电话沟通，有必要的话赶紧带着样品冲到客户的办公室，介绍我们的新产品。新产品出来后，我们公司的历史转折点也正式到来了。"

朋友在刚开始时还会劝老板 K 说："不要那么着急，先做好调查再开新产品。就算要推，也应该分市场按阶段去推进，而不是想着一下子铺开，这样即使新产品出现问题，也不至于有太大影响。"但老板 K 完全听不进去这番话，他沉浸在自己"全球第一"的宏伟大业里。

慢慢地，朋友再也不跟老板 K 提建议了，老板 K 说什么就听什么，该干什么就干什么，反正失败了浪费的是老板 K 自己的钱，没必要操这份闲心，不然每次都搞得大家不开心。

但老板 K 的意见反而更大了，觉得："无论我说什么你们都只会沉默，一点积极性都没有，一点建设性意见也不提。"

从上面这三个例子里，你看出来什么了吗？

基于角度的不同、认知的差异、标准的不一和信息的不对称，上下级之间的鸿沟其实非常大，很多我们认为"理所当然"的事情，在对方看来却是"匪夷所思"。对于这种情况，传统的管理方法提倡服从和执行力，从来不去理会下属的困惑甚至异议，大多都是"你别管，照我说的做就好"，并以此作为执行力的表现。

就好比传统面试中经常出现的那道问题："当你和上司的意见不同时，你准备怎么办？"标准答案都是："先沟通，沟通无果后坚决执行。"

这种做法确实降低了"交易成本"。"虽然不认同但坚决执行"的做法就算不能让最终结果实现 120 分，但至少可以保证 80 分。可是随着时代的发展和社会主流价值观的变化，现在的职场主流人群，可不会接受"自己觉得是错的还要去干"这种事情，他们可能会宁可选择辞职，也不像"60后""70后"或"80后"的职场人，会为五斗米折腰。

当代年轻人，追求认同感和成就感甚于对金钱的追求。

这给我们的管理带来新的挑战，再使用以前的管理方式已经行不通了，可能 80 分都没有办法保证。

应该怎么办？

我的回答是："统一认知。"不停地说，持续地说，说到对方理解和赞同为止，"无论我的决定正确与否，即使不能让所有人都认同它，至少也得让所有人理解我为什么认为这个决定是正确的"。

这就叫"统一思想"或者"统一认知"，否则就算我的决定是正确的，但执行层因为理解错误，要么阳奉阴违出工不出力，要么把力气全部使到他们自以为正确的方向上，结果肯定会一团糟。

"统一认知"是许多企业主和管理者做得不够的地方，他们要么觉得"我不说你也懂"，要么觉得"不懂也没关系，做就行"。但是，只有所有人都认为一件事是正确的，这件事才有可能在结果上真正正确。

那么，怎样才能知道我们和员工的认知已经统一了呢？这涉及管理的第二个关键词：**目标管理**。

"目标管理"这个词由彼得·德鲁克提出，但它并不是管理目标的意思，而是 management by objective，"用目标做管理"。目标管理的意思是在我们做任何工作之前，都需要先将目的落地为目标，并以此反推我们即将采取的执行动作。譬如"我需要提升公司业绩"只是目的，但提升到什么程度，用多长时间提升等，没有人知道，这样很难真正将其落实到实际的工作中。只有"我需要在未来半年内将公司的业绩提升到3000万"才算是一个合格的目标。

只有当你我双方都认同某一个目标的时候，才能证明我们的认知已经开始处于同一个平面。

那么，到底应该如何设定目标呢？

请记住一句话："目标要看必要性。"

举个例子，每逢岁末年初，大家都很喜欢许愿，"我今年要挣30万""我今年要读10本书""我今年要减重10斤"，等等。

为什么我将其称为"许愿"呢？很简单，假如你今年挣不到30万，读不了10本书，减不了10斤体重，后果会怎么样？

没有任何后果，日子该怎么过就怎么过，这就叫"没有必要性"。

什么是真正的必要性呢？譬如作为创业公司，我必须实现今年1000万元的销售额，否则入不敷出公司要倒闭，那么1000万元这个目标就是有必要的，没有什么合理不合理的讨论空间。

只有当一个目标实现不了时会带来严重的后果，这样的目标才能称为具备"必要性"。

与此同时，任何一个合格的目标都需要符合SMART原则。

S：Specific，明确性。"去广交会考察一下供应商"，这是一个不够具体的目标。考察谁？考察什么？考察之后干什么？这些指标都明确下来，才算得上具体。

M：Measurable，可衡量。"接下来我们的重点工作是提升业务部门的销售水平。"这是一个不可衡量的目标，提升到什么程度算提升？每个人都有自己的观点，最终只会每个人都按照自己的想法来。所有的目标都必须尽可能量化，假如不懂如何量化，可以从数量、质量、时间、成本和客户满意度这五个维度入手。

A：Attainable，可实现。根据积极性＝价值 × 期望，假如目标并不具备可实现性，那所有人都不会有干好这项工作的积极性。譬如"小张你明天去广交会走访400家供应商，并拿到他们的目录"这种目标，就是不可实现的，纯粹是用"想要"代替"能要"。想一想，即使我们每个摊位只花1分钟，走完400家供应商也需要六七个小时，根本不现实。

R：Relevant，相关性。任务和目标一定要和任务接收人的本职工作相关，例如我们安排一个销售学习如何转化客户的销售技能，这个就属于相关。可要是让对方去学习建站的话，就属于跑题。

T：Time-bound，时限性。1天、1个月、3个月、1年还是3年？要有一个明确的时间限制，不能今天完成任务可以，明年完成工作也行。

在确定目标之后，我们来到管理的第三个关键词：**明确路径**。

这个世界上没有那么多目标导向型的人才，只要确定目标之后，他就能自发调动资源去实现目标。

例如当你告诉下属："我们要在未来半年之内将公司的业绩提升到3000万元"，他会告诉你说："好的我明白了"。但一星期之后，你会发现他还是在忙着一堆乱七八糟的事情，根本没有去推进这个目标。

你很愤怒，觉得对方的工作态度实在不积极。

归根到底，这是管理的问题。

为什么许多诸如"我今年要挣30万元、我今年要读10本书、我今年要减重10斤"的目标，基本上没有实现的可能性呢？撇开"目标没有必要性"这个因素之外，更多原因在于大多数人根本不懂得分解目标、评估方法和明确措施，更不懂得预判执行过程中可能存在的问题和困难。简单来说，就是没有规划，或者不懂规划。

于是表面上他跟你说"好的我明白了",但事实上他根本不明白,反倒内心慌乱无比,根本不知道应该怎么开展工作。

此时不管你发火也好,施压也罢,这些做法除了让对方瑟瑟发抖之外,对工作毫无益处。

应该怎么办呢?

在明确目标之后,我们至少需要再帮助对方明确一样东西:路径。

什么是路径?假如我要去北京,到底是乘高铁去,还是乘飞机去,还是走路去,这些都是路径。

所谓路径,就是实现目标的方法。

以"目标是半年之内实现3000万元业绩"为例,我们可以选择的路径是:

通过开发新客户实现。

通过经营老客户实现。

通过新增产品品类实现。

通过新增B2C去实现。

为什么许多员工不认同领导整天拍脑袋做出的决策呢?关键就是他们认为领导提出来的目标,并没有实现路径。

譬如公司要求员工今年要实现3000万元的营收目标,这没问题,可是资源呢?路径呢?方法呢?

什么都没有,别人怎么相信你这个目标是科学的,是可以实现的?

当讨论目标时我们要重点衡量的是"必要性"。那么当讨论路径时,我们要重点衡量的就是"可行性"了。

管理的第四个关键词:**建立措施**。

当员工知道我们的路径是乘飞机去北京时，事情就算完了吗？太天真了，假如我们就此放手，可能会发现对方一个不小心给我们做一个凌晨两点出发的航班方案出来，说"这个方案的成本最低"，全然不顾我们下了飞机后得顶着个"熊猫眼"去见客户。

如果路径是实现目标的方法，那么措施就是具体应该怎么干。

譬如当我们确定"目标是半年之内实现3000万元的业绩"以及"路径是通过开发新客户实现"时，措施就是"增加新客户的流量""激发新客户的兴趣""建立客户对我们的信任"等。

有一点需要注意，措施最怕"不具体"以及"太细节"。

什么是"不具体"呢？

举一个例子。女孩子在逛街买衣服的时候，试穿后总喜欢问陪自己逛街的人："好看吗？"这句话非常不具体。原因很简单，你想问的到底是穿去和客户开会好不好看，还是穿去参加派对好不好看？你真正想问的到底是衣服好不好看，还是人好不好看？

缺乏明确的角度，这叫作"不具体"。

什么是"太细节"呢？

譬如我的母亲是一个习惯掌控细节的人。当我妹妹在家里做饭时，她会要求我妹妹：

几点钟应该开始做饭。

这顿饭应该做什么菜。

先做哪个菜，后做哪个菜。

这个菜应该怎么做。

那个菜不能这样做。

这个菜的盐放得太多。

那个菜的糖放得太少。

这种做法的结局往往是，每次我妹在家里做饭时，整个厨房都像火星撞地球似的充满了火药味。

但其实，不过是家里日常的一顿饭，多一个菜少一个菜有什么大不了的？

这种情况就叫作"太细节"，将太多焦点放在没有很大价值的事情上。

假设你是上司，你想让下属明天去展会看看，你应该怎么跟对方说呢？

A场景："小王，你明天去一趟展会，回来向我汇报。"

这种做法当然不行，看什么以及汇报什么，假如双方的认知不统一，最终你会发现小王从展会回来之后，汇报的东西根本不是你想要的。

B场景："小王，你明天去一趟展会，可以看一下新产品趋势，可以看一下供应链的情况，可以看一下市场的动向，也可以看一下竞争对手的发展。"

表面上，这是给出指引，但换位思考一下，你会发现这样的话说了和没说差不多：

1. 选项太多，人们反而更加不知道应该怎么选。

在科学上，我们将其称为"决策瘫痪"，指由于信息超载及选项太多引起的决策困难，甚至使决策者选择放弃决策的过程。我们可以用一句大白话来形容它，"选择障碍症"。

什么都可以，最终的结局往往只会是什么都不可以。

2. 任务太庞大，庞大到让人不知道切入口和落地点在哪里，以及工作到底应该如何做起。

这种情况就是不够具体。

你也可以说这种做法是在引导对方的思路，不对下属的行为做太多的限制。但是请注意，到底有多少人本身就具备项目管理的能力，懂得将一个庞大的东西落地为一个个具体的工作小项呢？

如果对方是这样的人，那么都不需要你发布任务，他自己就会干了。

这种思维引导没有意义，反而会更加让人听不懂。

C场景："小王，你明天去一趟展会。对，你早上8：30出发，搭地铁到新港东路站，在入口处登记拿观展证，在服务台拿参展商名录。然后10点钟去A公司摊位，跟对方谈……；10：30去B公司摊位，问对方……"

这个场景又如何呢？

假如对方只是一个刚刚迈出校门的应届毕业生，这种做法当然没有问题。

但换了任何一个具备一定工作经验的人，对方心里的第一个感觉大概率会是抵触，他会觉得："难道我只是个扯线木偶而已吗？难道我自己没有思考能力吗？"

这就是"太细节"。

正确的说法应该是怎么样的？

"小王，你明天去一趟展会。

首要任务：A、B、C这三家公司必须去一趟，我们需要最终确认哪家供应商的商务条款最好，可以帮助我们一起拿下某项目。

次要任务：找到至少三家 X 产品的潜在供应商，硬要求有两个，一个是对方之前必须曾经做过 Y 市场，熟悉这个市场的操作流程；一个是产品能够通过 Z 测试。

补充任务：假如有时间，看看展会上有没有可以进入公司三季度新品开发计划的新产品和新技术，目的在于帮助公司塑造技术层面的差异化。"

这样的话，小王知道自己到底应该干什么以及如何干，在小王从展会回来之后，我们也能够给对方的工作进行量化评判。首要任务和次要任务完成了加分，完不成减分；补充任务完成了加分，完不成不减分。

这个就叫作"建立措施"。

管理的第五个关键词：**监督执行**。

像我这个年龄段的人，应该都看过鸟山明先生的《龙珠》漫画。我曾经对龙珠里面的修行桥段无比向往，觉得经过一番苦练后，实现战斗力翻倍这种事情真的是太棒了。

长大之后，我才明白这种想法真的太天真了。许多人连每周三次，每次 1 小时的健身都很难坚持下去，更何况修行？

没有健过身的人完全不可能体会到健身的痛苦。当锻炼到出现浑身发软肌肉酸痛的情况时，多数人的念头是赶紧找个地方躺下来再美美地喝一杯奶茶，但教练的声音却"阴魂不散"地在耳边萦绕："还有最后 5 个""还有一组动作"。

在这种痛苦面前，无论你之前下了什么决心、定了什么目标、做了哪些规划，通通都会失去意义。你最想做的只会是赶紧熬完时间离开，然后盼望着下一次健身日刚好有台风，然后自己就可以心安理得地"宅"在家里喝奶茶、看视频。

我们会在日常工作中发现，作为上司，当我们帮下属定好目标以及做好规划，以为接下来一切工作会按部就班地推进。但一段时间后，却发现一切悄无声息，任务一点进展都没有。

就是因为执行任务的过程实在是太痛苦，遇到的问题实在是太多了。

分享一个真实案例。有一年我跟同事们确定了当年的业绩目标与能力目标，也将其分解到每一个月，明确了实现目标的路径和措施，以及完成目标后的奖励。我甚至还让大家签了军令状，承诺："假如我实现不了目标，愿意接受什么样的惩罚……"

一开始所有人都感觉激情澎湃，觉得经过自己一番努力肯定成功在望。可是短短两个月后我知道事情凉了，因为军令状被所有人关进抽屉，大家就跟忘了这件事儿似的，我相信甚至已经没有人记得自己曾经定下的目标到底是什么。

怪谁呢？怪同事们不坚持、不自律和不努力吗？不，这件事情应该怪公司，"**所有的问题都是管理的问题**"，再完美的规划假如不能落地，最终只会等于零。可假如我们指望同事们自发去将规划落地，那真的太看得起人性了，所有的坚持、努力、自律和勤奋都是反人性的，追求舒适才是人性。这意味着，我们在设计任何一项面向大多数人而非极少数精英的制度时，一定要把"人性"考虑进去，而不能奢望只要制度一出台，大家就会自觉遵守。

所以，在管理中一定要有外部驱动力的存在，只有这样才能够真正实现规划后的执行落地。

什么是外部驱动力？我的观点是：

1. 监督。

人都有惰性，都会不自觉地深陷舒适区。在过往的管理实践工作当中，无论什么样的流程制度，但凡我们没有三令五申地强调以及监督大家执行，最终都肯定会失败。

2. 工具。

工具有两个巨大的作用：正向的促进与效率提升，负向的束缚和压力作用。

我经常在公司说一句话："假如一件工作你干得很痛苦，那一定是方法或工具出现了问题。"

工具的最大作用在于提升效率以及减少执行过程中的障碍，让痛苦的事情干起来没有那么痛苦。

例如我有些同事有"社交障碍症"，非常不习惯和人沟通，在不得不进行工作协同时，宁可通过即时通信工具，也不愿意站起来走到别人的办公桌前。对于这种类型的同事，最好的做法是利用工具实现协作的流程化以及标准化，譬如当他做完属于自己的那部分工作时，上传文档然后在工具中打个勾，工作就会自动流动到需要协同的同事手上，不需要他和别人沟通。

我们作为管理者，日常工作之一就是要挖掘合适的工具，然后利用工具设计标准化的工作流，只有这样才能真正实现管理的落地。

总而言之，从认知开始到执行结束，我认为这才是管理工作的正确方式。

当然有些朋友可能会问："看完这一章我怎么觉得管理者好像是个保姆一样，从头跟到底，那员工到底还有什么价值？不如我自己干算了。"

首先，基思·麦克法兰在他的《突破之道：从平庸走向卓越》这本书里，阐述了一线管理者、中层管理者和高层管理者在企业的不同阶段，应该分别将主要的精力释放在管理技术性问题、领导和指导以及制定战略上。

结合图 11-1 我们可以发现，不同管理者的工作"细节颗粒度"不一样，譬如高层管理者的工作可能不会涉及路径、措施和执行，中层管理者的工作可能不会涉及措施和执行，这些工作都是一线管理者在干。

假如我们觉得所有的管理工作自己都在干，那不过是由于我们的企业还太小，自己身兼数职罢了。

对于创业企业来说，我们到底能招到多优秀的员工呢？对此，我持怀疑态度。

曾经有一位创业者朋友想招个开拓型的销售，但是他什么想法也没有，就想着把人招进来，然后等对方做出成绩后给他分钱。然而最大问题是，有这个能力的人，为什么去你公司啊？

确实有一些人，你只需要给他方向，给他目标（不管这个目标合不合理），他就会自己想办法实现目标，可关键是咱们手下有这样的人吗？

假如有，那我们大可以当甩手掌柜，不去指手画脚。但现实情况往往是这样的人才可遇而不可求。我们作为老板，就应该自己去完善目标、规划和方法，让员工在深刻理解了之后（你看，这又是统一认知的工作），在我们的监督下执行。

这些工作很烦琐，但又不得不去做。因此在从事管理岗位的那些年，其实我一直处于这种非常痛苦的状态。我和许多人一样，想过是否有可能找个人代替我做管理，让我可以专心致志地做我身为企业主最应该做，也最有价值的工作。

例如，我们是否能够从公司的销售冠军中，提拔一位从事管理工作呢？

答案，我们在第 17 章揭晓。

第 17 章
不要在"销冠"中选择管理者

许多企业习惯从业绩拔尖的一线岗位中选拔管理人才,譬如规定当员工的年度业绩达到多少万元时,可以申请成为销售经理;当员工研发了多少项新技术时,可以申请成为技术经理。

听上去这种做法没有什么毛病,对于中层管理者而言,要管人,肯定得了解一线的情况;要服人,肯定得有傲人的成绩。

可是这种做法忽略了一个最重要的问题:P 型和 M 型的基因不一样。

从这个角度出发,我们说一个人适不适合做管理,首要标准不在于技能层面,而在于对方到底更擅长以及更加愿意干好自己的事儿,去创造直接价值;还是更擅长以及更加愿意帮助别人干好事情,去创造间接价值。

一个原本业绩拔尖的人,到底更加擅长创造直接价值还是间接价值呢?答案不言而喻,假如我们要在销售冠军中选择管理者,等同于期望这个人能够成功从 P 型转化为 M 型。这种转型并非不可能，只不过过程往往非常艰难以及让人痛苦。

例如销售冠军在面对客户时，往往只需要对方一个眼神、一个动作或者简单一句话，就能够判断出对方的真实意图是什么，知道下一步我们应该说什么或做什么，以及采取什么样的销售策略。

可是，能够做到这一步的人往往都只是因为自身的天赋足够高，假如我们想让他将这种能力复制给团队成员，几乎是一件不可能的事情。甚至他可能会觉得："这不是很简单的事情吗？这么容易的事情下属都做不到，算了，还是我自己来做吧。"

结果他的管理工作痛苦，下属的执行工作也痛苦。

不是每个球员都具备当教练的能力，正如我的朋友雷鸣 Alex 所说：

80% 以上的销售经理难以胜任新的管理职责岗位。

60% 以上的销售主管希望找回做业务高手时的成就感。

75% 以上的销售总监无法辨识自己的管理工作对业绩的贡献度。

90% 以上的销售管理者无法在下属犯错误前识别出对方需要指导的地方。

想一想，如上这些问题的本质原因难道不是 P 和 M 的错位？不是因为我们作为企业主或公司领导，硬要将一位 P 型人放在 M 的工作岗位上？

当然，说是"硬要"可能有些过分，毕竟许多职场人所谓的目标，本来就是"将来我要成为一名管理者"。

以我公司为例，几乎每一场面试我都会问求职者一个问题："你未来的职业目标是什么。"超过 50% 的应聘者，都会自信满满地说他未来的目标是成为一名管理者，"总不能干一辈子一线工作吧！年纪大了的时候，也干不动一线工作啊"。

之所以会有这种情况，主要是因为大多数人对于"管理"有两点认知误区：

第一，觉得管理是管人，是处理人与人之间的关系。

第二，觉得管理是发布任务，用嘴皮子让人干活。

先说第一点认知误区。事实上，人很难被管理。基于学历、经历、性格和认知的不同，每个人都是非常独立的个体，想法、需求和动机都不同。甚至同样的一句话，在不同人耳中听起来都不同。这种情况，往往会给企业带来极大的管理难度。

传统的做法，是把人当成机器人看待，强调执行力、忠诚和感恩。但是，我们并没有那么强大的统一意识形态的能力，再加上现代人的自我意识越来越强，他们更加需要的是尊重而不是管理。如果我们每天的工作是管人，那么只会感觉到越来越吃力。

我们可能每天会在各种各样"人"的因素中疲于奔命，譬如如何调动团队成员的工作积极性，如何安排气场一致的员工进行协作，如何处理团队之间可能存在的矛盾、低落等负面情绪。

举个常见例子，当昨日的同事甚至上司变成今日的下属时，有多少人会因为顾虑到对方可能存在的"情绪"问题而变得畏首畏尾。手法硬了，担心影响同事们的积极性；手法软了，担心体现不了管理者的威严；处理得不好，又担心老板怀疑自己的管理能力。

于是今天这里灭了火，明天那里又起火。

这不叫管理。

真正的管理，应该是将精力聚焦在"管事"上，尽可能地降低"人"

在组织内的不稳定因素，或者索性在一开始，就把经济学和行为学里极端状态下的"人"考虑进去。

什么意思呢？在经济学里，人是自私、贪婪的。在行为学里，人是懒惰、不上进的。

所谓管事，就是通过建立制度和标准，让这些自私、贪婪、懒惰和不上进的人，没有任何犯错的机会，而非寄望于他们能够做到利他和伟大。

还是刚才所说的例子，不管他们之前是你的同事、好友，还是有知遇之恩的上司，在人性的角度，当他们突然有一天成了你的下属，有抵触心理很正常。我们可以沟通和探讨，可以给双方一些时间去消化。但是在职场角度，他们可以不喜欢你，但该做的工作还是得做；该交的功课，丝毫也马虎不得。否则，他们就得接受惩罚。而不是一味地奢望通过心理建设工作，希望对方能够心无芥蒂。

这就叫"对事不对人"。

再说第二点认知误区。许多人之所以向往管理岗位，是觉得可以通过嘴皮子让人干活。

王某，请今天之内回复客户的邮件。

张某，明天之前务必把报告交给老板。

李某，后天一定要把客户的订单拿下来。

这只是一种表象。

正如陈春花女士在《管理的常识》这本书讲到的，管理重点要解决的是三个效率的问题：劳动效率的最大化，组织效率的最大化，个人效率的最大化。

这意味着身为管理者，首先，我们得知道组织或者团队当前处于哪个阶段，重点要提高哪种效率。

其次，我们得知道阻碍效率提升的关键矛盾和关键问题是什么。

再次，我们得知道这个关键矛盾的形成原因以及解决思路是什么。

最后，我们得具备组织解决问题资源的能力，而不是一味地泛泛而谈。

先发现问题，再分析问题，再提出方案，最后再解决问题，这一系列的动作，真的靠说就能做得到吗？

基于上述普遍存在的认知误区，许多人"我以后想要做管理"的想法，其实仅仅是他们的期望，并不是他们真正的需求。他们真实的需求可能是年近 30 岁但依然一事无成，需要有一些改变；真实的动机可能是他们想要更高的收入和更多的成就感。

那么，"做管理"能够满足他们的需求，甚至满足他们的动机吗？除了"做管理"，没有其他方法可以满足他们的需求和动机吗？

当未来某一天，我们尊重对方的要求，真的让他们当上管理者，结果他们却发现事实并非自己想象中那样时，心态可能会在瞬间崩溃。

基于上述，作为企业主，真心不建议以业绩论英雄，然后从一线业绩拔尖的人里面选择中层管理者。能够干好管理工作的，一定本来就是一个 M 型人。而且这样的人，往往只会是一线业绩排名里的中游者。

第 18 章

千万不要和员工交朋友

我的创业者朋友大 C 跟我分享过他的经历。

在自己的房间鼓了半天的勇气之后,大 C 走到业务团队的办公室,挤出笑脸说:"公司附近新开了一家烧烤店,今天下班后有人想一起去吃几串吗?"

5 秒停顿,鸦雀无声,大 C 脸上有点挂不住了。作为公司老板,想着假如能够和员工们打好关系,工作起来可能会更加顺畅一些,于是他主动邀请大家聚餐。本来也没想所有的人都会去,毕竟是下班时间,有些人想要自己休息或者陪伴家人很正常。但所有人都沉默,这让他觉得有些尴尬了。

自嘲地笑了一句:"看来大家工作都很忙",大 C 灰溜溜地回到自己的办公室,心里开始感到一阵阵迷惑。

"老板和员工就非得是敌人吗？"

"关系搞不好，以后的工作该怎么开展啊？"

"不想去直说就好了，为什么非要沉默啊？"

类似的事情我也经历过。

在我刚踏上管理岗位的时候，总觉得假如管理者和下属能成为好朋友，工作起来一定会事半功倍。于是，我刻意地向下属们靠近，无论他们在工作还是生活中遇到什么困难我都会帮，即使有些事情在我内心深处根本不愿意帮。同事们的每条微博或者朋友圈我都会点赞，努力在所有人面前树立一个知心好大哥的形象。甚至在开始创业后，我还邀请了一位私交不错的朋友加入公司，觉得"兄弟齐心，其利断金"。

但后来发生的事情，证明我的这种想法错得离谱，举两个例子。

有段时间下属的工作状态特别差，我找了对方准备沟通工作。结果话还没说出口，对方眼泪"唰"地流下来，开始跟我诉说"我和老公又吵架了""婆婆今天又给我黑脸看""儿子不听话，整宿不睡觉"云云。于是一个半小时的沟通里，我都在干知心好大哥的工作，而且还不能不干，毕竟我和她是"朋友"啊。

有一次下属（一个私交不错的朋友）犯了一个很大的错误，正当我准备把对方叫进办公室训一顿时，我突然犹豫了，心里想："这么做，要是他心存芥蒂该怎么办？要是影响了双方之间的友谊该怎么办？"犹豫了好久，最终我忍住大骂他一顿的念头，只是后来随便找了一个机会，轻飘飘地说了对方几句。

之所以会有上述事情发生，是因为我们混淆了"社会规范"和"市场规范"。

美国行为经济学家丹·艾瑞里在《怪诞行为学》这本书中表达了一个观点：我们同时生活在两个世界里，一个世界由社会规范主导，一个世界由市场规范主导。

在社会规范中，人与人之间的关系受情感驱动，友好且界限不明。今天你帮我一个忙，明天我帮你一个忙，双方都不计付出，也不考虑回报。

在市场规范中，人与人之间的关系受利益驱使，冰冷且黑白分明。你卖给我的东西出了质量问题，你就得赔偿，即使你会因此倾家荡产。

许多公司喜欢应用社会规范，他们提倡"公司是我们共同的家""互敬友爱""以人为本"。企业主在看待员工时，也慈祥得像看待自己的子侄一样。

在某种程度上，这种做法在团队管理领域是有好处的。对于付出大家不会斤斤计较，对于收获大家也不会片面追求，反正就是全公司上下一团和气，其乐融融。

但是这种做法也存在非常大的弊端。

例如你和某个下属的私人关系非常好，但是基于业绩不好的客观原因，你不得不开除他，请问你能够轻易开这个口吗？

你首先会纠结是不是真的得炒了他，其次纠结有没有其他的岗位可以给他试试，最后纠结会不会影响双方之间的关系。反正就是纠结老半天，最终也下不了决心，于是只能不了了之。

想象一下，你会不会对自己的孩子说："很抱歉由于你最近太调皮了，我和你妈评估了一下，觉得你不再适合这个家庭。从今天起，你去隔壁王叔叔家住吧。"

不可能，对吧？

与此同时，假如我们在公司里奉行社会规范，还容易引发"宜家效应"。

所谓"宜家效应"，指人们对一件事物投入的劳动和情感越多，越容易高估这件事物的价值。例如，当你在宜家买了一堆零配件并最终把它们组装成鞋柜时，你对这个鞋柜的喜爱会超过同价位的其他成品。

当你在员工身上倾注太多个人情感时，每次一有辞退某个员工的念头，你的记忆就会开始翻滚。

你会想起你俩为了完成项目在雨夜一起奋战到凌晨两点的日子。尽管他可能只是陪着你而已，别的什么都没干。

你会想起过往日子里你对他的耳提面命、苦口婆心和谆谆教诲。尽管结果证明他一句话都没听进去，否则也不会干成今天这个样子。

然后你会开始犹豫："万一他被公司辞退之后，找不到更合适的工作该怎么办？我对他付出了那么多，一旦辞退岂不是全部心血都浪费了？"

最终，要么事情不了了之，要么自己异常痛苦。

所以，建议大家还是尽可能地在公司里奉行市场规范，因为只有市场规范，才能确保公司内部最大限度的公平。

例如，我们可以很喜欢某一个员工，但喜欢归喜欢，一样需要对方用成绩说话。只有成绩才能决定是否将更多的资源给到对方。

例如，我们可以很不喜欢某一个员工，但我们也不会刻意刁难他，或者因为不喜欢而辞退他。因为只要对方符合岗位的需要，刁难甚至辞退对于商业结果都没有任何帮助。

只有这样，员工才不会由于自己和上司的关系不和谐而担心被针对，进而影响工作。

我一直认为，工作关系应该纯粹一些。

员工不要和企业主交朋友，否则哪天他要是有难了，你走不走？

企业主也不要和员工交朋友，否则哪天他要是不再适合岗位需要了，你辞不辞？

一切的商业决策都应该从商业的角度出发，而不应该掺杂太多情感的因素。

在企业主和员工的关系上，我们首先是战友，其次在有可能的情况下才会是朋友，这种职场关系才是最简单的。而且，自认为能够和下属们打成一片的人，未必真的是情商高，这种做法也未必真的能够对商业效益产生多少正面影响。

有朋友可能会说："牛哥你说的对，我就不和员工交朋友，从来都只谈钱，利益才是最大的驱动力，钱给够了，员工的工作积极性自然高。"

这种做法又是否科学呢？我们第19章做详细阐述。

第 19 章
团队积极性不高怎么办

重赏之下,必有勇夫吗?

2019 年,我的创业者朋友 David 在公司宣布了最新的绩效方案:除了开发新客户能够获得 50% 额外提成外,完成年度任务的销售团队还可以获得团队利润的 30% 作为年终奖金。

从现场稀稀拉拉的鼓掌声,David 已经依稀感觉到一点不对劲。果然几个月时间过去,公司的情况和之前相比并没有什么不同,业务员们并没有如 David 设想的那样,每天热情满满地冲向市场开发新客户,而是依然不紧不慢地跟进着当前的老客户们。

是这个绩效方案错了吗?还是说现在的年轻人对于赚钱已经没有渴望了? David 百思不得其解,假如连钱都没办法激励他们,那什么才能够激励现在的年轻人呢?

要理解这个问题，我们得先深入了解"期望理论"。

所谓期望理论，由北美著名心理学家和行为科学家维克托·弗鲁姆提出，简单来说：积极性＝期望 × 价值。

一个人是否对某件事具备积极性，取决于：

这件事情对于他来说到底有没有价值。

他对完成这件事情的期望大不大。

到底什么是"价值"？对职场人来说，金钱就一定意味着价值吗？

根据"双因素理论"，答案是否定的。

所谓双因素理论，又叫激励保健理论，由美国行为科学家弗雷德里克·赫茨伯格提出，该理论认为引起人们工作动机的因素有两个。

1. 保健因素。

保健因素包括公司政策、管理措施、办公环境、人际关系、工资福利等。它起到消除不满意的作用，但是它并不会带来满意，"有不一定行，但没有一定万万不行"。举个例子，不少公司在招聘时会把"免费下午茶""定期体检"和"节日礼包"写上去，这些都属于保健因素。假如没有这些，员工会骂你抠门，因为大家认为这些都是他应该得到的，是一种"理所当然"。但是，也没有谁会专门为了"免费下午茶""定期体检"和"节日礼包"去你公司工作。

2. 激励因素。

例如奖金、成就感、上司赏识、有挑战的工作、成长和发展的机会等，起到激励、满足和积极的作用。没有这些因素没关系，但一旦有了则是"意外惊喜"。例如许多公司在年底时都会颁布"最佳员工"之类的奖项，并让对方上台发表获奖感言，没花几个钱却能让当事人感到荣誉，让其他人感到羡慕，这些属于激励因素。

综合上述，许多时候我们感觉出台了某个激励政策之后没有效果，原因往往在于混淆了保健因素和激励因素，例如"年终奖"。几年前我公司的年终奖制度是年底双薪，乍看似乎属于激励因素的范畴，但深思之后发现，实际上它并不能起到激励的作用。这种奖金制度是固定且人人都有的，不和员工的贡献挂钩，只和员工的工作时长挂钩，干得好或者干得不好都不会有任何的影响，它实际上已经成了一种保健因素。

根据双因素理论我们能够得出一个非常重要的结论，发钱这种简单粗暴的手段，其实并不一定对员工有价值。那么，什么时候发钱有用，什么时候发钱没用呢？除了发钱之外，我们还能干什么呢？

根据马斯洛需求层次理论，我们基本可以得出答案。同样的激励手段对于不同需求层次的人来说，作用力是不一样的。发钱对于尚且处于生理需求和安全需求阶段的人来说，确实是一种激励手段，但对于已经身处社交需求阶段的人来说，发钱还不如组织一场公司的旅游活动；而对于已经身处尊重需求阶段的人来说，发钱还不如给象征着荣誉的头衔；对于身处自我实现需求阶段的人来说，发什么都没有意义，因为他根本不需要外部的驱动力。

再来说一说"期望"。

假如一件事情你并没有多大完成的把握，尽管这件事情对你的价值很高，你也不会有太高的积极性去做这件事情。例如，当你无论再怎么跳都摘不到苹果的时候，难道你还会一直在苹果树下蹦跶吗？很明显不会，这个就是期望对积极性的影响。

例如你告诉一个月工资只有3000元的人，每开发一个新客户奖励1000元，就一定能够调动对方的积极性吗？不一定，关键是在他的认知中，开拓新客户这件事情，实现的概率到底有多高。

这意味着，作为管理者，我们在日常的团队管理工作中，除了要让员工感知到完成某一件工作对于他的价值外，还需要让员工相信这一件工作是有可能完成的。

怎么做到这一点呢？除了提供实际和具体的目标外，还需要提供实现目标的路径。

举个例子，有小伙伴问我："客户说他的目标是一年销售100个货柜产品，然后要求市场独家代理权，我到底要不要给他？"

我的回答是："对方是怎么得出100个货柜这个数字的？有什么证据可以证明这一点吗？他主要销往哪些渠道？预计这100个货柜的订单由多少个下线客户贡献？又是否已经做好了销售策略规划书？"

以上这些，其实就是实现目标的路径。假如没有，那客户的这个目标仅仅是云上楼阁，我们凭什么相信他？

综合上述，当发现团队积极性不高时，我们首先要在制度上反思，自己是否在期望和价值管理上都已经做到位；其次要在"人"的层面做分析总结，判断团队当中的同事们是否本来就是积极的人。

在日常的管理工作中，当某一件事情的结果不如预期时，我们往往会怀疑制度的好坏，而忘记分析制度里的人是不是本来就可以被管理。

就工作积极性这件事而言，调动积极性的举措对于有些人来说是"助燃剂"，因为他内心原本就有"一团火"，加了助燃剂之后自然烧得更加猛烈，这种人我们一般将其称为"内部驱动型"。但对于另外一些人来说，他们将这些调动积极性的举措当作"燃料"使用，就好像汽车，今天加了油能够开几百千米，明天油烧没了汽车自然也停了。这种人我们一般称为"外部驱动型"。

对"外部驱动型"的人来说,当我们宣布一个更好的管理制度或者分配方案时,确实可能会让对方激动一阵子,然后一头扑在电脑屏幕前努力工作找客户。可是没过几天,当他发现工作暂时看不到效果,激情又会在瞬间退却,于是又回到原来的状态。对于这部分人,他们对结果反馈速度的要求特别高,每做一件事情都得马上看到结果,而不像"内部驱动型"的人那样,能够学会"延迟满足"。

对于"外部驱动型"员工的积极性无法持久这件事情,到底应该如何解决呢?

很遗憾,这个问题没有办法解决。我们不可能每隔一段时间就给对方"来一针",这样的管理成本实在太高。

这意味着,我们在一开始的时候,就得刻意招募那些"内部驱动型"的员工,然后再针对他们设计行之有效的绩效考核方案,而不将过多的精力浪费在那些"外部驱动型"的员工身上。

对于"外部驱动型"员工,让他们按部就班做好本职工作就行。期望通过制度"点燃"他们,让他们能发挥主观能动性将工作做到120分,这根本不现实。

第 20 章
建立科学的绩效考核体系

行政手段往往只能决定员工工作成果的下限，但是市场手段却可以决定其工作成果的上限。

创业者们往往希望自己的公司有一套行之有效的绩效考核方案，能够激励先进者、淘汰落后者。最好能够直接抄某家成功企业的"作业"，将对方的制度体系搬过来，这样就不需要自己花时间摸索了。

但事实上"抄作业"的意义并不大，原因很简单，绩效考核一定与企业的价值观和发展阶段相关，但不同企业的价值观和发展阶段有差异，根本没有办法抄。

举两个简单的例子。

你看到其他企业给运营人员的考核目标是"询盘数量"，觉得这种方式很好,想要复制到自家公司。可是,假如在此之前公司内部并没有正向的价值观引导,信不信运营人员会为了实现自己更高的绩效,选择注册大量邮箱然后给自己发送虚假询盘?这个就是价值观对于绩效考核的重大影响,许多人一直想要学习"海底捞"但往往只能学到皮毛。

几年前我公司的绩效考核是评分制,每个月底由员工的上司和我对员工进行工作表现评分,并以此决定对方的当月绩效奖金。在我公司的规模尚且很小,我的精力可以覆盖公司里的每一位同事时,这种做法没有问题,可以确保每项评分都尽可能客观,该合格的合格,该优秀的优秀。

这项制度在我公司大概运行了四年时间,但随着企业的发展,渐渐地这个制度变得不切实际。

例如当员工越来越多时,有些同事从加入公司到离开公司,我甚至都没有机会单独和对方说过话,又怎么可能给对方的日常工作表现评分?

另外,上司(尤其是刚晋升的上司)的评分能力参差不齐。在评分前夕,假如下属做了一件合上司胃口的事情,或者上司感觉这个月下属的工作很辛苦,上司可能一下子给对方评了很高分。反过来假如下属在评分的关键时间点不小心犯了错,上司则可能会直接给一个很低的分数,而不会考虑下属整个月的客观表现(这个是心理学中的"峰终效应")。还有一些"心地善良"的上司,觉得平日对下属怎么严厉都行,但不要在钱上和别人过不去,于是不管对方的表现有多糟糕,一律按照偏高的水平评分。

以上这些,让评分制度遇到天花板,于是我们不得不开始寻求绩效考核制度的升级。

当企业确实开始需要更加完善的绩效考核制度时,我们必须先明确两件事情。

1. 我的企业价值观是什么？

在我们日常工作和生活当中，有非常多让人纠结的事情。举个典型例子，客户委派的验货人员在验货时挑出了许多小毛病，并暗示：如果你想迅速通过验货的话，红包少不了。

请问此时你的选择是什么？

给钱，你不乐意，自己辛辛苦苦拿下了订单并生产出来的货物，凭什么验货人员张张嘴就能从你的口袋里掏钱？

不给钱，万一验货人员在报告中耍心眼，故意夸大某些小毛病，最终损失的金钱和时间可能是这个红包的10倍。

有人可能会说："当然给啊！不给的话，损失太大了。这笔账小学生都能算得出来。"

也有人会说："打死也不给！我宁可掏钱重新生产货物，也不助长这股社会的不良风气。"

为什么同样一件事情，会出现截然不同的两种观点呢？原因在于，两者评判同一件事情的标准不一样，一方用的是"利益"，另一方用的是"道德"。至于选择哪一个作为评判的标准，则由"价值观"决定。

所谓价值观，是人认定事物以及界定是非的一种思维或取向。简单来说，你认为什么事情对你更有价值？

而企业价值观，简单来说是一家企业里大多数人的价值观是什么，当企业面临两难选择的时候，到底认为哪个更加重要。

我们来想象这样一个场景：A客户出质量问题了，跟我们索赔1000美元，我们赔了。与此同时，B客户也出质量问题了，由于他的订单量比较大，需要索赔100 000美元，此时我们赔还是不赔？

假如公司的价值观是"客户第一",那不管客户的索赔金额多大,甚至大到会让我破产也好,我只会考虑"怎么赔",而不是"赔不赔"。假如我公司的价值观是"盈利第一",那么即使是1000美元的索赔,只要它影响到我的盈利,我也不会赔。

如果你会犹豫,不知道应该怎么选择的话,那么说明你还没有建立清晰的企业价值观。

我们应该怎样建立属于自己企业的价值观呢?

首先,"抄作业"没用,就算你把华为的价值观抄过来贴在办公室的墙壁上,每天背诵三遍也没用,不是你的就不是你的。

其次,对于许多企业(尤其是中小企业)而言,企业的价值观=企业主的价值观,因为企业主是在某种价值观的引导下建立公司的,然后又吸引有着相同价值观的人加入,并一起走下去。

所谓的建立企业价值观,简单来说其实是将创始人团队或者企业主的个人价值观提炼出来。

怎么提炼呢?这涉及一个创业者的内省和自我剖析的过程,包括:

我是一个什么样的人?

我想打造一家什么样的企业?

我希望和什么样的人一起相处?

对我来说,什么才是最重要的?什么才是对,什么才是错?

当我们确立了企业的价值观,并将之贯彻到工作的方方面面时,不管是绩效考核还是其他的工作,我们就有了判断的标准。

2. 我的企业发展阶段是什么?

朋友曾经说过企业经营有四个阶段:小而全,小而专,大而专,大而全。

所谓小而全，一般发生在创业阶段。此时企业没有明确的方向，什么工作能够让自己活下去就做什么。例如我刚刚创业的时候，也干过找空调外销库存产品然后卖给国内经销商的工作，为了区区 6000 元的利润。

所谓小而专，一般发生在迈过创业阶段后，称为沉淀期。为了让有限的资源能够进行更加有效的配置，以及能够确立自己的核心竞争力，我们必须选择一个领域、一个方向深挖下去。而且为了避开白热化的竞争，这个领域不应该是一个大众领域。

所谓大而专，可以称为发展期，指经过小而专阶段的沉淀，我们能够突破商业模式的"天花板"，实现规模的更大量级。举个例子，我原本只做空调，现在突破到家用电器这个大类，也做了冰箱、洗衣机、洗碗机等业务。只不过在方向上，还是专注于某一个领域。

所谓大而全，可以称为成熟期。企业的能力和资金都积累到位，原本做家电的干起了房地产，原本做实业的也做了风投。实现企业的多矩阵发展，既能分散经营的风险，又能够追赶时代的趋势。

大家认为，在这四个阶段里面，哪个阶段是不怎么需要绩效考核的呢？

我的观点是，在"小而全"的企业创始阶段，或者"小而专"的前半阶段，在所有的权力集于创始人一身时，我们其实不太需要将精力放在建立一套成熟和标准的绩效考核体系上。对于身处这个阶段的小微企业，"没有什么事情是一顿饭解决不了的，如果有，那就两顿。"在这种情况下，"人治"比"法治"更加重要，也更加有效，此时以"月度评分"作为绩效考核的手段就足够，例如我公司过往使用的这一套"价值观考核制度"（见图 20-1）。

姓名		所属部门		直属上司	

类目	价值观	明细	权重	考评人	2018/1	2018/2	2018/3	……	2018/12
1	谦虚务实	按时按质完成日常工作任务，遵守公司各种规章制度	30%						
2	积极进取	善于沟通与协作，善于通过团队合作的方式达到工作价值与效率的最大化	20%						
3	勤于思考	自我提升，设定明确的目标，善于通过思考和总结，不断提高工作效率，提升自身素养和专业能力	20%						
4	勇于接受	在工作中以主动开放的心态，开发新的方法和思路，勇于接受新思维、新工具，不轻易说不	10%						
5	勇于变化	面对不可控因素所产生的变化、困难、机遇，挑战、努力设法解决，并成功克服自身的惯性阻力	10%						
6	乐于分享	帮助别人就是帮助自己，乐于将自己的心得体会分享给他人，帮助他人成长，再小的信息，也是一种进步的力量	10%						
综合得分									
考核等级									

备注

考核等级	得分	绩效（支持岗）	绩效（销售岗）
不及格	<6	0.8	0.8
合格	6~7	1.1	1
良好	7~8	1.3	1
优秀	8~9	1.4	1
卓越	>9	1.6	1.2

图 20-1 飞腾公司价值观考核表

可当公司人员开始多起来时（例如开始迈向"大而专"），最大的问题发生了。

（1）我们没有办法确保招聘进来的每一个员工都是非常优秀的人，也没有办法确保创始人能够将足够的精力放在每一个员工身上（团队一旦超过7个人，扁平化管理就开始变得困难）。

（2）中层管理干部未必能做好上下级之间的桥梁工作，尤其许多公司可能并没有真正意义上的中层管理干部，所谓"经理"不外乎从一线提拔上来的P型人，本质上还是一个大业务。退一步说，就算中层管理干部是合格的，要是对方突然离职了那该怎么办？

从这个时候开始，"法治"的重要性开始大于"人治"，公司开始需要更加严谨的制度。因为"法治"虽然不容易实现120分，但至少可以实现保底的80分。

当企业到达只要80分就能够接受的阶段，我们就应该开始设计较为完整的绩效考核体系，而不要想着继续依靠感性的"人治"（例如很难实现客观和标准的评分制）。

那么，到底应该怎么设计绩效考核体系呢？

个人认为，一份科学的绩效考核方案，应该至少实现如下三点。

1. 客观、可量化。

感性评分最大的问题在于不客观以及难以量化，到底什么行为算合格？什么行为算优秀？没有评判的标准。而且就算大家都是优秀，凭什么你是8.2分，而他是8.7分？

假如要真正实现可量化的评判，就应该取消评分制而采取"是非题"，如同我们做供应商评估：

供应商是否有满足订单需要的生产设备机器？

特定岗位员工是否有相应培训？

生产车间是否按照生产流程安排？

供应商是否接受 LC 条款？

是就是，否就否，没有中间选项。

2.看行为，不看动机。

"喜不喜欢一个人"跟"一个人有没有用"往往是两回事。

当你不喜欢一个人，或者对一个人有某种偏见时，你往往会对这个人的行为做附加解读。举个例子，捐款。

当一个全身上下只有 5 万元的拾荒老人为灾区捐赠了 3000 元时，你会觉得这个老人的品德非常高尚。可一个身家 5 亿的商人为灾区捐赠了 30 万元时，你却觉得他捐得太少了，或者"你无非想借机打广告罢了"。

这两种行为都值得称颂，而且 30 万元难道不比 3000 元更有绝对价值吗？

在管理上也是如此，当你喜欢某一名下属时，往往会给对方的行为笼罩一层"光环"，甚至会主动为对方的错误寻找理由，觉得对方"肯定有原因"。当你不喜欢某一名下属时，鸡蛋里挑骨头的事情在所难免。

举个例子，假设你有 A 和 B 两个下属，你喜欢 A 但不喜欢 B，当两个人都完不成每星期 40 个潜在客户的搜寻工作时，难道你对他们的评价会一样？对着 A，你会安慰道："是不是其他工作太多了？"而对着 B，你会觉得："你是不是不想干了？"

这属于人之常情。但是从结果看，难道不是两个人都没有完成任务吗？

所以在"是非题"的设计上，我们必须紧贴着肉眼可见的"行为"走，而不去考虑根本无法判断的"动机"。例如：

下属是否能够做到客户的每封邮件都在 24 小时之内回复？

下属是否能够做到 90% 以上的任务都按时完成？

下属是否能够做到每月不多于 3 次的迟到或早退？

3. 以结果、作品、价值为导向。

在感性考核当中，我们往往会受到许多来自"苦劳"和"态度"的影响，举个例子。

在你的公司有两名员工。小 A 与同事相处和睦，对工作认真严格，每天早上提前半小时到公司，每天晚上推迟两小时下班。而小 B 呢，从来都是踩着钟点上班和下班，从来没有加班这回事，与同事的关系也一般，即使是对你有时候也爱搭不理，偶尔还会跟你吵架。

作为上司，请问你喜欢谁？在考核评分的时候，又应该给谁更高分呢？

说到喜欢，我相信谁都喜欢小 A。可说到评分，真正科学的做法是"无法判断"。

为什么？因为上述案例里所有的描述，都是"态度"层面的东西，而不是"结果"层面的东西啊！我们有讲到小 A 和小 B 谁的客户开发工作更好吗？

曾经有一次，我的一位同事给下属的"勇于变化"打了满分。在我询问理由时，他说："因为下属这个月创造性地提出了某个新的工作方法，勇于跳出固有习惯的舒适区。"我当时反问了他一句："那这个新的工作方法已经实现了吗？又给公司带来了什么价值？"

对方哑口无言。

从这个角度出发，假如一名业务每天都加班到晚上 11 点找客户，确实很勤奋，但三个月时间下来，同期的同事都已经开好几单了，而他却依然一个客户都没有成交，你觉得这样的业务有多少价值呢？

因此，我们采取了"行为+作品"的综合考核方式，一个人到底有多努力只是行为层面的评判，行为可以占绩效考核的一部分，但始终还是要考核他的作品。

为什么我们还需要考核行为？

（1）不是所有人或者所有岗位都适合考核作品。例如"前台"这样的行为导向型岗位，每天根据员工手册的职责要求干活就好了，并不容易出作品。

（2）随着公司的规模越来越大，我们对员工的筛选不可能再像过往那么严格，不可能确保每一个人都有"内部驱动力"，且所有的工作都以结果为导向。行为考核的存在可以保证工作成果至少达到60分。

到底有哪些行为考核呢？

是否按时按质完成当月90%以上工作。

是否90%以上工作都做到关键节点的反馈。

当月的迟到和早退的次数是否小于3次。

是否做到较为深入地了解自己从业的产品。

是否做到面对问题时积极寻找解决方案的态度。

上月的规划是否有落实到本月的执行中。

是否主动帮助同事熟悉工作，融入团队。

到底什么是作品？

所谓作品，指能够产生直接价值或间接影响的工作。一项工作只有上升到作品的程度，才能够产生对于公司和个人来说真正具有意义的价值，才能够换来更多的报酬。例如：

找到 100 个潜在客户线索是任务，成交一个客户是作品。

展会上接待了 50 个客户是任务，将 30 个客户都推进到需求确认阶段是作品。

找到 10 个应聘者参加视频面试是任务，入职一位新同事是作品。

设计公司的新官网是任务，让新官网带来 100 个询盘是作品。

量化作品的标准可以很简单：

（1）看这项工作实际能够带来的直接价值。

（2）看这项工作外包出去的实际成本。

从而判断出对于员工来说，他所完成的这项工作到底"值多少钱"。

综合如上，这是我对绩效考核的观点：以价值观为绩效基石，以行为做基础判断，以结果做最终考核。

最后，我们再来谈谈对于销售部门来说，最常见的激励手段：提成。

如同之前所说，行政手段往往只能决定员工工作效果的下限，但是市场手段却可以决定其工作成果的上限，这种情况在销售部门尤为明显。因此许多公司的销售部门都会有一套根据结果进行分配的绩效方案。表面上，提成确实是以结果作为最终考核，然而许多公司在一开始定销售部门的绩效方案时，往往只是拍脑袋随便定的，等到后期想做调整时却发现积重难返。分享一个真实发生过的例子。

有位创业者朋友 Jason，五年前创办公司时，他为了鼓舞员工大手一挥，将提成比例定在销售额的 2%。原本公司的毛利率还不错的时候，老板和员工皆大欢喜。可是从去年开始，外部经济环境越来越差，市场的竞争愈发激烈，原本25%的毛利率在去年萎缩到15%。继续维持2%的提成比例已经不现实，于是Jason将原本2%的提成比例降到1%。

新制度一出，整个销售部门一片哗然："公司太黑了，提成居然从2%一下子降到1%，到手的钱瞬间少了一半啊！"还有一些老销售愤愤地说："这活没法干了，谁爱干谁干去。"

看到这一幕，Jason有苦说不出。即使提成比例降到1%，依然比大多数同行的0.8%高。而且根据计划，公司今年会加大市场和研发投入去拉动销售量，假如能够达到目标，即使是1%的提成比例，大家的收入也会和去年差不多。员工们的抵触情绪为什么那么大，他越想越不明白。

大家觉得在这个案例里面，Jason都犯了哪些错误？

在我看来，错误有三个。

第一，根据"锚点理论"，任何事物都没办法孤立存在，它必须有一个对比参照物。假如没有，人脑没办法做判断。例如判断1%提成比例到底是高还是低，关键在于它到底跟谁比。在Jason的心目中，他对比的是同行的0.8%，当然觉得1%不算低，可是在员工的心目中对比的可是一开始的2%。

第二，根据"棘轮效应"，对于许多人来说，不管是任务目标还是福利待遇，都是只能够走高而不能够降低的，这几乎是一种不可逆的现象。当大家享受了五年的2%提成比例，突然之间发现提成比例大刀阔斧地降了一半，这种事情换谁都接受不了，换谁也不会去理解Jason背后的艰难。所有人想到的只有一点："公司拿走了原本属于我的钱。"

第三，按照某一个固定比例作为销售提成，这种简单粗暴的做法真的称不上科学的绩效考核。

在我看来，一个科学的绩效考核方案应该是和预算挂钩的、和目标挂钩的、和企业经营成果挂钩的，什么意思呢？

（1）跟许多人的认知不同，预算其实并不是花钱计划，而是讲清楚我们接下来要做什么事情、预计做得怎么样、做成这件事需要投放多少资源、怎么做这件事、做成之后我们能够收获什么等问题。假如Jason的公司有进行相对严谨的预算工作，并公开部分数据给销售部门，让员工们知道即使公司降低了提成比例，自己的收入也能够争取维持不变的话，大家的抵触心理自然会少很多。

（2）在固定提成比例的情况下，员工拿到的订单越多，提成自然也越多。这种做法，理论上能够激发员工的上进心去开拓更多的客户，但事实并非如此。假如缺乏了明确的目标牵引，每个人在达到他自己心目中的高收入标准时，自然会松懈下来。每个人对于"高收入"的定义不一样，有些人觉得月收3万元足够多，有些人却觉得月入1万元已经很不错了。假如没办法将这种认知和公司的目标结合起来的话，就会造成公司目标尚未完成，但个人却已经懈怠的情况。

最好的做法，是根据预算里的目标达成情况来制定提成的比例。例如完不成目标时，提成比例只有0.5%；完成80%目标时，提成比例调整为0.8%；完成100%目标时，提成比例调整为1%；完成120%目标时，提成比例调整为1.5%。只有这样，才能实现企业和个人的双赢。另外，目标并不一定是营业额、利润率等数字，"你想要什么，就考核什么"，不管营业额、利润率、新客户数量、品牌客户数量还是市场占有率等，都可以是目标。

（3）一刀切的提成方式很容易造成"国穷民富"的后果，譬如公司今年做了许多订单，但是由于利润不高或经营不好，年底一算账发现公司没挣多少钱，但是销售却因为销售额高挣得盆满钵满，这种做法就是"国穷民富"。最好的做法，是将薪酬体系与企业的运营状况挂钩，将提成分为两段。第一段是月度/季度的提成，第二段是年度的奖金。月度/季度的提成与目标挂钩，年度的奖金与企业最终的经营成果挂钩。公司经营得越好，挣得越多，员工的奖金越多。

总而言之，绩效方案作为商业社会的核心激励手段，它背后必须有一套非常复杂且需要考虑到方方面面的逻辑。假如做不到这一点，我们很容易发现，自己辛辛苦苦设计出来的这套绩效方案，别说产生激励效果了，还可能起到负面作用，毕竟人性真的太复杂了。

第 21 章
为什么下属的执行力那么差

许多人之所以向往管理岗位,是觉得可以通过嘴皮子干活。

但是在经济学领域,人是自私、贪婪的;在行为学领域,人是懒惰、不上进的。

当我们真的只想通过嘴皮子干活时,大概率会遇到类似下面这样的情况。

在我们给下属发布任务的时候,不管再怎么清清楚楚地将任务列出来,不管再怎么强调截止日期很重要,即使完不成任务,也必须提前反馈任务没有完成的原因,以及接下来该怎么办,到了任务截止日期,我们收获到的依然是沉默。

看着空荡荡的邮箱,我们长叹一口气,心里想:这帮人的执行力为什么那么差。换了我,这项任务三天前就能完成,即使完不成,提前告知上司，上司才好出手相助啊。

在我看来，下属的执行力问题堪称管理者最常见的吐槽之一，但是我想请问一个问题，在日常工作中遇到下属执行力差、工作拖拉或者犯错误的时候，大家都是怎么做的？到底是说："你的做法有问题，你应该这样做"，还是在给出解决方案之前，先去探究对方为什么会出现这种状况？

我相信，大多数管理者的做法应该是第一种，因为在他们的心目中，已经默认了下属之所以会出现这种结果，是因为不够认真、不够上心、能力太弱以及执行力不行。但反思一下，有没有可能是自己的沟通方式或管理手段出现了问题？有没有可能是自己陷入了"自利性偏差"？

所谓"自利性偏差"，指基于人类自身认知的固有局限，或者基于人们不同的动机，有可能对某些正常的信息进行扭曲，而且这种对信息的扭曲往往是朝着对自己有利的方向。

譬如当我们布置了一项任务而下属做不到时，对于这个结果我们往往会更加强调主观原因，觉得"假如我是你，肯定做得更好；假如我是你，肯定不会犯这种错误"等。而下属们，会更加强调客观原因，觉得"不是我不想做好，实在是工作太忙了；不是我不想做好，实在是上司的指令太不清晰"。

由此，双方的矛盾就会发生。我们作为管理者，假如在问题发生时选择强硬指责对方，或者以行政手段给对方施压，很可能会造成对方的认知失调，让他觉得"我明明没有错为什么还要挨骂"（即使真的是他的错误），或者"明明是你的问题为什么要我承担责任"（即使真的是他的问题）。最终只会是要么否定自己，要么否定环境。

从这个角度出发，作为管理者，当我们发现下属的行为和结果不如我们的期望时，千万不要一味地"改正对方"，让对方根据我们的要求来做。

而要去探寻"为什么你会出现这种行为或结果",先从认知的层面进行统一,再从能力的层面做纠正,最后再给予对方工具和方法,只有这样才能够真正解决问题。

回到"下属的执行力差"这个问题,为什么会出现这种情况呢?

总的来说,原因有三个。

1. 认知的原因,譬如下属根本不认同这项工作。

面试经验里常常出现这样一道题:"假如你和上司的意见相左,你会怎么做?"

绝大多数人的回答都是自信满满地说:"我会尽力说服我的上司,假如说服不了,再按照对方的想法执行。"

可是在实际的工作中,有多少人真的能做到不折不扣地执行一个自己根本不理解或不认同的任务?

作为上司,在我们发布任务时,我们真的让下属明白这项工作的目的和意义了吗?假如没有,我们又怎能指望对方能够精准执行甚至发挥自己的主观能动性而超常发挥呢?

2. 能力的原因,譬如下属根本不知道这项工作应该怎么做。

"这么简单的工作你都做不好啊",这是许多管理者的感叹。然而对于我们来说很简单的工作,对于下属来说却未必。在审视任务难度时我们得尝试站在对方的角度,一项自己只需要30分钟就可以完成的任务,在发布给下属时,我们说不定得预留一天。

另外,确定自己发布任务时候的指令足够清晰了吗?

例如,广交会快到了,你跟下属小王说:"小王,你去一趟广交会看看。"之后在小王从广交会回来跟你汇报工作时,你原本以为他会向你汇报客户的到访情况、竞争对手的摊位状况、行业的趋势和产品的变化,结果小王只说了一句"人挺多的，谈得挺好的，产品挺漂亮的"，这个时候你会不会很想揍他？但是在你揍他之前，有没有想过问题其实出在自己身上？因为你并没有明确传达给对方到底去广交会看什么，以及看到什么程度啊。

于是，他们自然只能根据自己的想法来。

3. 方法的原因，譬如下属并不知道某项工作可以使用某个工具以提高工作效率。

举个简单的例子，你需要将一张图片上的英文翻译成中文。假如是自己做，你会使用某个文字提取工具，直接将图片上的英文变成文本格式，然后再将其丢进谷歌翻译，10分钟就能搞定。可是下属并不知道这么多的方法和工具，于是他不得不动手将图片上的英文抄一遍，再自己将其翻译成中文。做完工作一看表，他发现已经过去了60分钟。

我们了解问题发生的原因，接下来自然能够从源头解决问题。

有朋友可能会说："我是管理者又不是保姆，公司讲究利益和效率，假如我连给下属发布任务都要考虑这么多，以及做这么多额外的工作，哪里还有什么效率可言？"

这么说有道理，可问题是：我们没办法确保公司里的每一个人都非常优秀，都是我们一个眼神丢过去，对方就能懂我们的意图，并将工作做到120分的人。否则，我们没有必要吐槽对方的执行力差。

了解对方执行力差的真正原因，然后再从源头上解决它，不管是纠正错误还是索性把对方辞退，不正好是我们提高效率的目的吗？

另外，时代真的已经不一样了。新时代的职场人，并不附和所谓"令行禁止"的执行力，对"我说什么你就做什么"这句话也并不认同。

曾经有位朋友说公司老板给每一位员工发了《把信送给加西亚》这本书，并激动万分地让每个人都写一篇读书报告。朋友埋怨道："老板整天不干正事,整这些虚头巴脑的东西。"

确实一些老板很爱这本书,原因不外乎"敬业""忠诚""执行力"和"组织利益高于个人利益"之类的元素"点燃"了老板们的热情。

可是员工不是我们手下的士兵,企业利益完全不能够和民族大义相提并论。人们会为了国家和人民出征与牺牲,可在职场上,不管是企业方还是劳动方,大家都只是合作关系而已。

下属的执行力差,确实有可能因为对方的能力不足。但"行有不得,反求诸己",所有员工的问题归根到底都是管理的问题,不要过分地将错误和问题归结到他人身上,而要更多地思考自己身上的问题,这是理解"自利性偏差"最大的意义。

最后,到底什么是真正的执行力?

很多人会以为所谓的执行力是"我说什么你就马上干什么",事实上并非如此。

在现实的工作当中,由于种种问题的存在,很多时候"我说什么"并不等于"我要什么"。这意味着即使下属完全遵循我们的指令,最终往往也未必是我们想要的结果。举一个例子。

我口渴了(这是问题),于是我让你帮我买个苹果(这是我认为的解决方案)。

可当你跑到市场之后,发现没有苹果了(这是实际执行中存在的障碍或者意外),于是你跑回来,说:"老大不好意思,没苹果卖了。"

我说:"行,那你帮我买橙子吧。"(这是我的备选方案)于是你又跑去市场,然后发现橙子也没有了(备选方案失效)。这个时候你怎么办?又跑回来接收我的新指示?

可假如你知道不管买苹果还是橙子,都只是为了解决我口渴的问题,那么苹果也好，橙子也罢，梨子也行，在开始执行工作之前，你至少会自己对几个方案做排序。在开始执行工作之后，你会自行根据实际情况选择效益最高、成本最小、风险最低的方案（例如在第一次发现市场没有苹果也没有橙子的时候，就直接把梨子买回来），而不是一味地跟随我的指示。

而且，说不定水果并不能解决我口渴的问题呢？那么你在开始执行之前，就可以直接告诉我："老大，我觉得你需要的其实是一瓶水。"

这才叫发挥个人的主观能动性啊。

从目的出发，然后在实现目的的所有选项中选择最恰当的方案，而不是一味傻傻地跟进来自上司或者客户的指令，这才是真正的执行力。

最后，假如员工真的由于各种各样的原因没有做，或者做不好，或者搞砸了某项工作，此时我们应该怎么办？自己出手把工作给做了吗？

假如我们这么做，情况只会变得越来越糟糕。

第 22 章
不要将员工的"猴子"背到自己身上

有没有觉得自己每天都过得特别忙碌？根本不像其他的企业主，"天天睡到自然醒，数钱数到手抽筋"，每天的工作要么在高尔夫球场上谈天说地，要么在办公室里喝茶聊天。

想想似乎有些不对劲，自己当初之所以选择创业这条路，难道不就是因为想过自由且富足的生活吗？怎么现在好像反倒被生活和工作支配了，即使有钱也找不到花钱的时间？

这种现象在企业管理中非常普遍，本质原因在于虽然你是企业主，但你却干了员工的活。

例如朋友曾经分享过：老板做贸易起家，后来有了自己的工厂，生意越做越大，但还是抓着销售和生产这两块不放，除了业务员所有和客户的来往邮件必须抄送给他之外，他还要求业务员在和客户沟通时，必须建一个即时通信工具上的群聊，把他和客户都加进去。

久而久之，这种做法带来两个结局：

当客户发现供应商的老板也在群聊里面时，自然有什么事都直接找老板了。每天十几项业务层面的工作，老板忙得焦头烂额。

员工对老板的依赖心理非常强，甚至连已经在公司工作十几年的业务员，在应该怎么给客户写邮件这种小事上，都得询问老板的意见。

这种情况，说的就是"背上的猴子"这个概念，意思是把原本属于下属的责任，背到自己的身上（理论来自美国的企业经营与管理学者威廉·安肯）。

我们的工作时间可以分为三种类型：

受上司支配的时间。也可以理解为受客户支配的时间，他们所发布下来的任务，假如我们不完成的话，要受到惩罚。

受组织支配的时间。例如我是技术部的，销售部的同事跑过来说要发一份新产品规格书给客户，需要我马上设计，那么这个工作我也得完成，否则也要受到惩罚。

由个人支配的时间。用于完成自己提出或者自己想做的工作，但是这里面有一部分时间会被下属占用，称为受下属支配的时间。剩余的时间才是完全属于自己的自由支配时间。

而在受下属支配的时间里，又分为主动受支配和被动受支配，怎么理解呢？

所谓主动受支配，是我们主动把下属"背上的猴子"拉到自己的身上，还美其名曰"事必躬亲"。这几乎是每个刚从事管理工作的人都会犯的毛病，俗称"控制欲"。控制欲的产生原因很简单，那就是对下属能力的不信任，总觉得他们做不好工作，或者觉得要是自己来做肯定比他们强多了。可是每个人每天都只有 24 小时，从成本与效益的经济学层面，不同阶段的人就应该干属于自己这个阶段的工作。身为企业主却要干员工的活，这本来就是一种最大的"不经济"。

而被动受支配，则是原本在下属"背上的猴子"不自觉地跳到了自己身上，举个例子。

临下班前，Andy 敲开我的办公室大门，说："Daniel，我遇到一个难题，你能不能帮我一下？"

这个问题有点复杂，我看了三分钟之后有两个选择：

一是跟 Andy 说你把问题留下来吧，我迟点答复你。

二是现场花时间告诉 Andy 应该怎样做。

请问，这两个选择正确吗？

从管理的层面，这两个选择都不妥，都是把原本属于 Andy 的"猴子"背到我自己身上。假如我选择了第一个，是在帮助她承担决策的责任，她可以开开心心地下班而我却必须加班完成这件工作。假如我选择了第二个，则是在帮助对方承担决策的后果，假如问题最终并没有解决，Andy 可以瞪大了眼睛看着我说："那现在应该怎么办？"

综上所述大家可以想象一下，即使你的公司团队只有 10 个人，但不管是主动还是被动，每个人往你背上扔两只"猴子"，你还能拥有真正属于自己的时间吗？

所以在管理领域我们有一个必修课题是：如何不让下属们"背上的猴子"把自己压垮？

我的建议有三点。

1. 培养员工自己做决定的习惯和能力。

人天生就有依赖别人的心理，不敢做决定本质上是承担不了决定的后果与责任。下属总会倾向于将决定的权力交到上司的手中，这样等同于他将失败的责任也交给了上司。

对于管理者来说，当我们遇到下属有意或者无意"往我们背上丢猴子"时，最好的选择是一句话："你觉得呢？"

假如对方回答说"不知道"，我们可以请他再回去好好想一想，想明白了再来找我们。此时，"猴子"依然在员工的身上。

假如对方说出想法或者方案，我们可以请他再回答一下这个方案的目的、成本、收益和风险。假如对方回答不上，我们再请他回去好好想一想。

假如对方回答得出来，我们再问对方假如这个方案或者想法行不通，是否有备选方案。

假如对方连备选方案都准备好了，我们再问他是否承担得了方案失败的后果或者责任。假如他承担得起责任，那我们尽管让他放胆去干。假如他需要公司承担可能存在的后果，那请他再好好想一想，给我们一个让公司承担后果的理由。

总而言之，让自己只是担任引导者，而不是决策者，更加不是执行者。

2. 不要成为"救火队长"，有些火，该烧就让它烧。

举几个简单的例子。

下属说："老大，这个客户不回复我邮件，我该怎么办？你能不能帮我打个电话给客户？"

你说："好的，交给我。"

下属说:"老大,客户要求目标价是100美元,比成本足足低10%,我该怎么办啊?这个价格能不能麻烦你再看一下?"

你说:"好的,交给我。"

下属说:"老大,再不出货客户就要取消订单,我该怎么办啊?你能不能找生产部门协调一下?"

你说:"好的,交给我。"

表面上看,你身为管理者甚至企业主,这些工作似乎确实属于你的职责范围。而且说不定你还挺享受这种"被需要"的过程,觉得这些工作是自己价值的体现,别人还干不了。但其实你可以思考三个问题:

这项工作,非得现在处理不可吗?

这项工作,非得你来处理不可吗?

这项工作,真的非得处理不可吗?

不一定的。尤其第三个,即使问题尚未发生但是你已经预见到问题可能会发生,只要后果能够控制在公司的可承受范围内,有时候你就得眼睁睁地看着下属踩进这个坑里,否则对方不会成长。

3. 明确向下开放的时间。

为了避免成为"救火队长",我们必须对与下属沟通的渠道进行某种程度的控制。但这并不意味着我们要规定对方只能够在某一个时间才能来找我,而是我们自己控制只在某一个时间处理下属的事情。

举个例子,在我公司除非是重要且需要我马上处理的工作,否则我都要求对方给我发邮件而非通过钉钉、微信等即时通信工具。之后我再找时间统一处理,否则我的时间很容易变得碎片化。

所以,大家一定要学会拒绝。即使对方面对面地找你,你也要衡量一下是否有必要让对方过两个小时再来。

但这个时候问题来了，到底什么样的决策和责任，才应该是下属而不是我们的呢？

业务员的客户跟进工作假如做得不好，难道不会影响公司的订单和收入，影响我公司在客户心目中的形象吗？我相信许多人正是因为这个，才不得不承担员工或者下属的工作。

让我们重点明确如下三点。

1. 工作前的准备。
2. 工作中的调整。
3. 工作后的总结。

工作前的准备包括责任的划分与目标的分解。

在管理上有个非常重要的概念叫权、责、利对等，意思是组织内任何一个人的权力、责任和利益都必须相等才行。假如你要给谁分配责任，必须首先考虑对方的权力和利益是否能够和责任相匹配。例如，你跟一个月薪3000元的员工说："假如这个100万美元的订单收不回来货款，就扣你货款的20%作为惩罚。"这显然就是权、责、利的不对等。我们不管是作为企业主还是上司，在我们接到一项工作并且需要对工作的责任和目标进行分解时，一定要把责任和目标定在对方的能力范围之内。超出这个范围的，要么由其他人承担，要么由我们自己承担。

这意味着，假如工作的责任本来就在某个员工的权责之内，那我们不应该过分插手。

工作中的调整则是我们应该随着实际工作的开展对目标、方法和责任进行实时跟踪与监督，该调整的时候就应该出手调整，毕竟计划总是赶不上变化快。譬如一张订单原本是正常的，但由于全球疫情暴发，发生了100万美元货款可能成为超期应收账款的风险，此时我们就必须马上介入，因为这个后果下属承担不起。

工作后的总结，这个更重要了。我们之前说过在工作过程当中，应该尽可能不要帮助下属决策，不要过于直接告诉对方应该怎么做，那我们要如何确保对方的成长？答案就是帮助对方总结。

许多时候我们作为上司，对着下属说一千遍道一万遍，都比不上对方亲自"跳一次坑"。但是许多人并不具备良好的总结能力，当他们跳了一次坑后还会继续跳第二次那该怎么办？此时我们就应该出手，帮助对方分析跳坑的原因，不跳坑的方法，假如以后再遇到类似情况应该怎么做等。只有这样，才能既不把我们拉进下属工作的泥潭，又能促进下属工作能力的提高。

总而言之，身为企业主，假如我们在企业与团队管理的过程中学不会"拒绝"，会发现即使公司再大，也始终"只有我一个人"。

第 23 章

中小微企业的管理方向：总经理办公室

身为创业者，很多时候我们会是一名优秀的领导者，却未必能够成为一名合格的管理者。

管理，是一种提高效率的手段，它注重流程，关心实际问题的解决，聚焦人在体系里面的效率最大化。通过计划、组织、人员配备、激励、考核、命令和资源调动，从而以一种有用的、高效的方法实现组织目标。

而领导，则更多的是一种精神层面的影响力，通过愿景、使命、战略、人才培养、行动授权和组织变革等方式，号召人们自发地追随以实现组织与个人的共同目标。

从这个角度出发，我们可以简单将领导者理解为侧重"做对的事情"，将管理者理解为侧重"把事情做对"：领导者侧重战略，管理者侧重战术；领导者侧重人文，管理者侧重方法；领导者侧重变革，管理者侧重执行；

领导者侧重未来，管理者侧重现在。

举个例子。假如你是一家生产火柴的公司，管理者的职责是如何开拓市场，降低火柴的成本，增强火柴的性能，提高生产的效率，减少额外的损耗；而领导者的职能则是告诉大家："同志们，火柴已经被时代淘汰，我们现在应该生产打火机。"

然而，由于创业企业普遍存在组织架构不完善等问题，创业者往往不得不同时担任管理者的角色，这种角色的错位往往意味着企业发展进程的缓慢。

以我为例，在我过往不得不担任公司管理者角色时，真的走了不少弯路。

在团队管理工作上，我经历下述三个阶段：

呵护备至的阶段。

放羊管理的阶段。

严厉要求的阶段。

在第一个阶段，说我对于员工是"捧在手里怕掉了，含在口里怕化了"一点都不过分。

我不敢说一句重话，担心对方心里委屈；我不敢布置太多任务，担心对方太累了。员工工作出错了，我说："没事您休息，下面的活儿我自己来。"

之所以会有这种情况发生，不外乎两点原因。

一是换位思考心理太严重。总觉得当年我打工时候的老板太残酷了，我不能干同样的事情。

二是我很害怕员工辞职。总觉得我这么艰难才招来的人，一旦对方辞职我的损失太大了。在我当时的认知中，员工一旦辞职就是对我个人和公司的否定，是因为我做得不够好。

至于第二个阶段，毫无疑问又是一次过分换位思考的后果。

在打工的那些年，我是一个不需要被管理的人。

我非常自律，每天提前上班，推迟下班。

我非常努力，为了达到赚钱的目标，全身心地扑在销售工作上。

我非常利他，会因无法帮助客户按时出货而焦虑，会因无法帮助公司降低损失而愧疚。

我是一个内驱非常强的人，根本不需要一丁点的外驱力。因此，我非常讨厌束缚。

我以为其他人也跟我一样。

所以，当年我以自己的公司没有所谓的考勤、考核而骄傲，以没有乱七八糟、浪费时间的会议而自豪，总觉得我们是一个温暖的大家庭，大家各自用心就是最好的。

理论上来说这种观点没有错。假如你的员工全部都是机器人，你还需要管理吗？不需要的，你只要把目标和程序设定好，一切都会按照既定的轨道运行。同样的道理，假如你的员工全部都是很优秀很自律的人，你同样也不需要管理，强行插入管理反而会束缚大家的创造力。

但是，哪来那么多优秀的人？或者说哪来那么多愿意在你尚且一穷二白时就加入团队的优秀的人？很多时候，我们只能退而求其次招募那些能力普通但是愿意来公司工作的人。于是大家的能力有高有低，情绪有涨有伏，心态有正有负，再加上时不时地有人想要偷懒。假如没有管理，公司效率可能只有60分。

此时管理就必须出马了，通过梳理流程、提高效率、监督成果、辅导下属等工作,让所有人尽可能发挥自己应有(而不一定是最大)的价值,让整个团队的效率维持在 80 分。

所以在放羊式管理下,我出问题了。

在外部大环境还不错的前提下,放羊式管理还能够勉强维持公司的经营;可是在行业经济开始走下坡路,各种各样的问题开始出现时,我开始感到一种无力感,因为我甚至连员工每天在做什么工作都不知道。

随后我进入第三个阶段:严父式管理。

从放羊式到严父式,我走到了另外一个极端。我以一种超高的标准要求每一位员工,对于他们做错的每一件事情,我也肆无忌惮地散发自己的威压。

在这个阶段,员工的心理压力是最大的,与此同时离职率也是最高的。

站在我的角度,我认为这种严厉是真正对他们好,是在满足他们没有宣之于口的需要,五年后当他们再次回想起今天,一定会庆幸和感激当初老板和公司并不是对他们放任自流,让他们自身自灭。事实上可能真的如此,譬如有一位前同事在某年春节时还特意给我发了一个红包,说:"回想起当年一起工作的时光,一直受益到今天。"

要命的是,尽管从社会贡献目标的角度,我们是在为社会培养人才,可是从业绩目标的角度,却等同于我们付出了巨大的心血为他人作嫁衣。

初创企业本来应该优先将精力聚焦在业绩目标上,而不是暂时离我们还有一段遥远距离的社会贡献目标。毕竟对于大多数人来说,开公司不是做善堂。

"行有不得,反求诸己",所有的问题都是管理的问题。

反思过后我发现,问题归根结底还是出在我自己身上。

我始终还是一名 P 型的创业者，管理不是我最擅长的工作。

我始终只是"一个人"，无论呵护式管理，放羊式管理，还是严父式管理，最大的问题就是管理手段太过单一，忽略了个体之间的差异。

世界行为学大师保罗·赫塞博士曾经提出"情境管理"的模型（见图 23-1）。

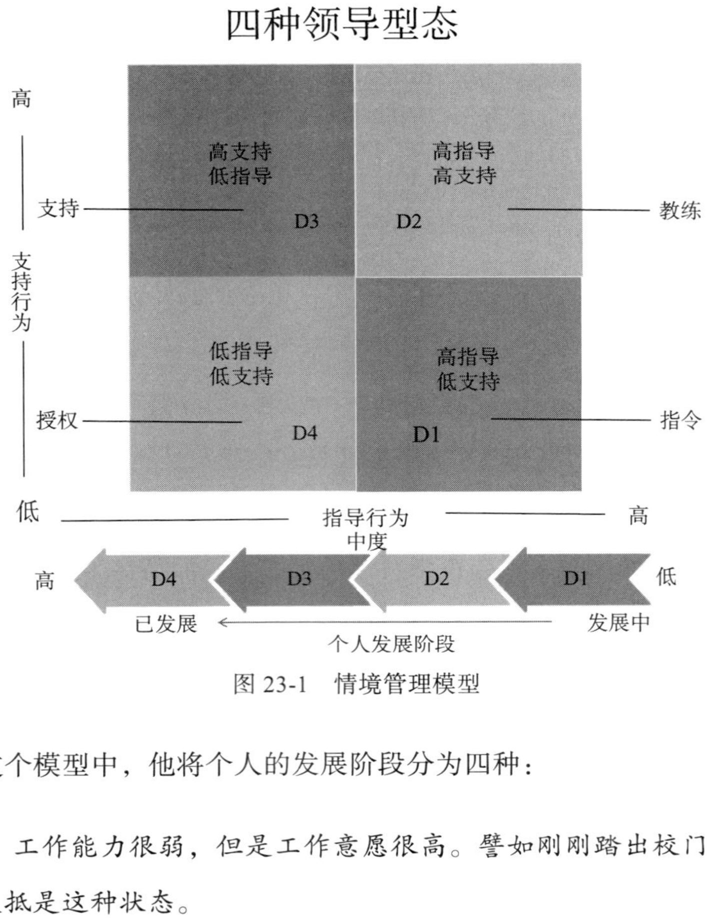

四种领导型态

| | 高支持
低指导
D3 | 高指导
高支持
D2 | — 教练 |

（支持行为：高／低；指导行为：低／中度／高）

D4 低指导低支持（授权）　D1 高指导低支持（指令）

个人发展阶段：D4 已发展 ← D3 ← D2 ← D1 发展中

图 23-1　情境管理模型

在这个模型中，他将个人的发展阶段分为四种：

D1，工作能力很弱，但是工作意愿很高。譬如刚刚踏出校门的应届毕业生，大抵是这种状态。

D2，工作能力很弱或平平，但由于开始遭遇困难与挫折，此时他的工作意愿没一开始那么高了。

D3，工作能力中等或较强，但对于自己的认知还不是很到位，缺乏自信心，觉得自己可能没办法干好工作。

D4，工作能力很强，工作的意愿也很高，希望独立开展工作，而不希望受到太多来自外界的束缚。

对于不同阶段的个体，我们的管理手段必须不一样。

对于 D1 阶段的人，我们以"指令"为主。直截了当地告诉他工作的目标、标准和步骤。而且，少点给予"支持"或者"放权"的行为，否则在强大的工作意愿下，对方很容易跑偏。譬如刚进公司没两天就给领导写关于"集团公司战略方向的调整建议"的邮件，这种事情我本人就曾经干过。

对于 D2 阶段的人，我们以"教练"为主。除了指导工作之外，我们还需要开始向对方阐述工作的目的，解释工作出现困难的原因，倾听对方的困惑，鼓励对方大胆说出想法并且自主做决策，由此激发对方的自信心。但是，依然需要我们做决定，毕竟对方的能力尚且不足。

对于 D3 阶段的人，我们以"支持"或"陪伴"为主。客观上对方的工作能力已经足够独当一面，此时，我们没有必要手把手地告诉对方具体工作应该怎么做，只需要给出方向和目标，再适当进行纠偏即可。事有不决，双方一起决定。

对于 D4 阶段的人，我们以"授权"为主。毕竟他们已经成了企业的骨干，需要的不再是一个指手画脚的上司，而是一个能够充分给予信任和自由，并认可他们工作、贡献和价值的领导。

但是，对于 P 型创业者而言，有多大概率具备针对不同阶段的不同个体采取不同管理手段的能力呢？于是，我开始意识到必须有人帮助我开展管理工作了。

在这条道路上，我一样经历了三个阶段：秘书阶段、助理阶段和总经理办公室阶段。

如果说秘书阶段只是为了减轻我在具体事务上的精力和时间分配，不管是招聘时的简历筛选、培训时的PPT制作还是信息收集时的数据整理，那么助理阶段就是对秘书阶段的升华，作为公司领导和基层人员之间的沟通桥梁，对公司的管理工作提出建议，协助制定公司的规章制度等。但不管怎样，这两个阶段强调的始终还是个体的能力，是企业主能力的外延。

而总经理办公室，则可以称为管理职能的集合。譬如：

我们公司没有专门的人力资源部，人事工作属于总经办。

我们公司没有专门的行政部，行政工作属于总经办。

我们公司没有专门的财务部，外包财务的管理工作属于总经办。

总经办最重要的职能，是担任其他所有部门的枢纽，既承担部门内部的管理促进工作，也承担跨部门的沟通协同工作。

之所以设计这种组织架构，原因在于：

一方面，作为一家小微企业，我公司的员工人数一直稳定在20人以内。但是根据公司的经营目标，却又必须有运营部、业务部、产品部等一线部门的存在，甚至业务部里还有客户开发组和订单经营组的划分。这意味着不可能每个部门都有主管乃至于经理的岗位，而且对于小微企业来说，设立太多行政层级也不利于扁平化管理。因此，所有的管理工作都由总经办进行，包括目标的设计、路径的制定、措施的确立和执行的监督。

另一方面，我们公司是项目制运转，需要跨部门合作的东西非常多。

以"新产品发布"为例。在常规的流程中，产品部负责将想法变成现实，业务部负责找到合格的供应商，运营部负责营销材料的设计，最终大家再将所有资料汇总为一份 100 页左右的 PPT 放到产品发布会上。

听上去似乎不复杂，但事实上所有涉及协同的工作都简单不到哪里去。团队中的每个人都有自己的认知和工作方式，假如没有管理，最终结果只会是一团糟。如何统一项目成员的认知、如何明确各自的权责边界、如何设计项目的流程、如何调和项目成员之间的矛盾等，这些都属于总经办的工作。总经办的同事要么担任"指路灯"，要么成为"润滑剂"，总而言之就好像大脑协调身体各个器官一样，该抬手时抬手，该迈脚时迈脚。

做到这一点后，总经办就不再只是企业主个人能力的外延，而是开始独立于企业主的能力外，对全公司起"管理"的作用。

另外，总经办虽然承载了公司的管理职能，却并非其他所有部门的"上司"。

"管理"一词总会有一些"上级管理下级"的味道，但我认为管理和领导不一样。我对管理的定义从来都不是上级对下级发号施令，而是通过沟通、协调、促进等手段，最终实现增益提效的目的。专业岗位和管理岗位，只不过是分工的不同而已，前者负责冲锋陷阵，后者负责协调促进，并无明显上下级之分。

直到此刻，公司才算在呵护式管理、放养式管理和严父式管理之后，真正地进入"科学式管理"。

而我，总算能够从日常的管理工作中脱离出来，开始将更多的时间和精力放在公司的未来发展方向上，更多地思考"做什么"的战略问题，而不仅仅是"怎么做"的战术问题。

经营篇

从创业者到企业家

第 24 章

我的企业战略是什么

不知道大家有没有思考过:"我创业到底是为了什么?我到底想成为一家什么样的公司?"

坦白讲,在刚开始创业时,我纯粹是为了能够挣更多的钱,让自己和家人能够过上富裕的生活。因为我穷过,不想再过连给家人买一件 500 元的衣服都要左思右想老半天的日子。

这种想法当然不会有什么问题,"穷则独善其身,达则兼济天下",假如自己尚且没能够吃饱,谈什么梦想和未来呢?

都说对于小微企业而言,企业主的思维决定了企业的方向。

在刚开始创业的那些年,我公司追逐的确实只有"金钱"二字。可是创业几年后,我渐渐发现这种"以金钱为目的"的企业经营开始出现了两个问题。

第一个问题：企业过于注重短期利益。

简单来说，假如一件事情能够盈利，我做；假如一件事情不能够盈利，我不做，将盈利与否作为判断的第一标准。例如，今天我发现平衡车生意不错，于是跑去做平衡车业务；明天我发现假发需求很旺盛，又上了假发的产品；后天我发现客户都在找指尖陀螺，又赶紧去找指尖陀螺的厂家。一直在追逐的，都是利益。

表面上这种做法没有任何毛病，实际上最大的问题是：企业的资源总是有限的，作为中小微企业的我们，根本不可能做到今天做甲项目、明天做乙项目的时候都能够投入等量的资源，且维持多个项目同时良好运转。现实中当我们开始一个新项目的时候，往往意味着将资源从老项目中抽离，甚至完全抛弃老项目。

最终，就好像童话故事里掰玉米的狗熊一样，掰一个扔一个。由此带来的最大后果就是"飘"，没有脚踏实地的精神，没有长远生意的盼头，一直不停地从零开始，完全看不到公司未来五年、十年可能是什么模样。

第二个问题：团队人心涣散，凝聚力弱。

我的朋友雷鸣 Alex 曾经说过："绝大部分团队没有凝聚力的核心原因，在于领导者没有给予团队成员一个明确的方向，没有清楚地告诉他们未来大家的方向在哪里。比如你有没有告诉过公司的小伙伴'我们并不是在卖货，卖货其实挣不了多少钱，现在卖货只是在解决大家的生计，我们的未来是要改变世界'呢？"

我对这段话的印象非常深刻。

记得有一次去上海出差时，同事在出租车上问我一个问题："牛总，为什么感觉公司一直在变化？"

尽管我当初回答她："因为这个世界永恒不变的就是变化，假如我们没有随之发生变化的话，迟早会被这个世界淘汰。"但事后当我仔细琢磨对方的这个问题时，我发现：

1. 变化和动荡不一样。假如"变化"是一种人类生理上的从小到大或者心理上的逐步成熟，那"动荡"就等同于从男性变成女性。公司在创业的前几年基本上属于动荡，即使一直都在奔跑，但一会儿向东，一会儿向西，没有一个明确的方向，没有一个清晰的未来。

2. 大多数职场人都不喜欢在一个充满变化的环境中工作，更别提动荡了。与此同时，对于优秀的职场人来说，他们的想法往往是：我可以牺牲现在，但必须看到一个较为清晰和明确的未来。可假如老板自己都不知道接下来几年公司要干什么，员工又怎么可能知道自己的未来在哪里呢？

所以那段时间，我公司的员工离职率很高，公司里几乎没有在职超过两年的同事，基本上每隔两年公司就要"大换血"一次，组织架构极其不稳定。

我开始思考自己的企业经营为什么会出现这样的问题。在深刻地反思之后，我得出的结论是：我的公司没有战略，不清晰自己未来的方向在哪里，不明白自己今天正在做的事情对明天会有什么样的影响，不确定如何打造公司的核心竞争力，不懂得应该怎样沉淀下去并构筑企业的"护城河"。

于是，每天我都在为当前的工作死磕，每天我都在为解决今天的问题而疲于奔命。

但事实上，我们解决不了"今天"的问题，或者说，假如我们一味解决"今天"的问题，类似的问题一定会在"明天"出现。

以"公司推迟交货导致客户不满"为例。在战术层面，解决货期问题的办法是用各种各样的销售技巧安抚客户的情绪，说服客户接受我们的货期推迟；但在战略层面，我们却应该探讨导致货期推迟的本质原因是什么，在源头上找解决方案。这种做法，虽然没有办法在"今天"解决客户不满的问题，但是可以在"明天"彻底将这个问题消灭在摇篮当中。

战略的存在意义，就是解决我们"明天"可能存在的问题。对于任何企业而言，战略都具有非常重大的意义，即使我们当前只是一家小微企业。

那么，到底什么是战略呢？

所谓战略，是根据自己对未来和全局的期望和设计，并由此反推我们当前所需要采取的执行动作的过程。它可以分解为如下三个部分：

将未来可能取得的成果落地为明确的目标，称为战略目标设计。

对目标进行分解，将事物发展朝着总目标推动，称为战略规划。

坚定不移前进，即使牺牲当前利益也在所不惜，称为战略实施。

1.战略目标设计。

在企业经营上，战略目标大抵可以分为三类：业绩目标、能力目标和社会贡献目标。

所谓**业绩目标**，包含利润率、周转率、增长率、市场占有率等，是企业运营过程中的具体指标。

所谓**能力目标**，包含销售能力、采购能力、管理能力、营销能力等，是我们为实现未来更远大目标所需要的能力。

所谓**社会贡献目标**，包含提高质量、降低价格、提升服务、增长工资等，是我们对社会、客户、股东、员工等群体所要创造的价值。

大多数企业的问题，往往在于只有业绩目标而缺乏能力目标，譬如大家都会给自己设定：我明年的营业额要实现多少万元，但应该很少有人会给自己设定：我明年要让企业拥有什么能力。

追求业绩目标当然没有问题。可假如我们过于追求业绩目标而忽视了能力目标，这种不平衡在顺境时可能不会出现问题，但万一外部环境变差，我们就会发现自身的能力没有办法驾驭逆流中的大船。

譬如可以提问自己如下几个问题："假如我作为老板离开了现在的公司，我还能东山再起吗？我还能复制成功吗？"

假如不具备复制成功的较大可能性，那就是能力目标缺失的体现。

从这个角度出发，我们在创业的过程当中，活下来固然重要，挣钱固然重要，但一定要理性地认识到我过往所取得的成绩到底真的是我能力的体现，还是好运气带来的结果。然后，在实现业绩目标的同时，务必开始沉淀能够使公司在未来实现长期稳定经营的能力。例如：

销售能力。是否能够建立起一套科学地从筛选并评估客户价值，到破冰并建立客户信任，到挖掘并引导客户需求，到匹配并呈现客户方案，到评估并规避客户风险，再到订单成交的体系，而不仅仅依靠某个精英销售的力量。

采购能力。是否能够建立起一套完善的从供应商分类、供应商评估、供应商选择、供应商绩效和供应商集成的供应商管理体系，而不仅仅依靠和某一个供应商企业主的私人关系。

设计能力。是否能够建立一个实现科学可复制化设计体系的团队，而不仅仅依靠某个设计师的个人灵感。

上述这些能力，才是企业实现"永续经营"的基石。

2. 战略规划。

所谓战略规划，指如何分阶段、按步骤实现战略目标的计划过程。它涉及三个关键词：阶段、顺序和取舍。

首先，制定战略目标可以高屋建瓴，但是做战略规划时却必须像盖房子一样，自下而上。不管个人还是企业，不管做职业规划还是商业模型设计，我们只有先完成了 A，其次到 B，之后到 C，最后才能到达 D，几乎没有什么一步到位从 A 直接到达 D 的可能。这个是战略规划的阶段性。

其次，先做什么，后做什么，有讲究。譬如作为初创企业，我现在到底应该聚焦销售业务还是聚焦团队管理？答案不言而喻，肯定要将绝大多数的资源放在销售业务上，因为我们在本阶段的最大目标，就是"活下去"。

最后，企业的资源始终是有限的，"机会成本"的存在决定了有些事情必须做，有些事情我们千万不能做。

许多创业者经常犯两个毛病：

心态膨胀。觉得自己"呼风唤雨"，无所不能。做什么都会成功，干什么都能赚钱。

难以聚焦。在远超过往的信息"轰炸"下，觉得机会真的太多了，不抓是一种浪费。

于是，但凡外界有什么风吹草动，都会觉得"我也要干"。

判断自己到底要不要做某件事情，一定要和企业的战略目标结合起来。假如我即将要做的这件事情能够推动企业走向原本设定的战略目标，那可以。否则，绝对不行，即使它能够带来额外的收益。在我看来，任何与战略目标相违背的"进步"，本质上全部都是弯路。

这个，是战略规划中的"取舍"。

3. 战略实施。

所谓战略实施，指如何具体执行战略规划。但是在这个过程当中，我们往往容易犯的错误是：因为执行的困难，否定战略的必要。

我曾经见过一名创业者，对方感觉自家公司的 B2B 业务要再往上发展已经不太容易，于是开拓了 B2C 的业务。可由于自己实在没有办法从 B2B 业务上抽身，所以只能够委派其他人或者代运营公司去操盘 B2C 业务。这种做法的最终结局是：公司的 B2B 业务既没有什么发展，B2C 业务也做不起来。

事实上，假如我们已经明确 B2C 是公司未来几年的战略，我们是不是要将最好的资源投放到最重要的地方，也就是 B2C 业务上？作为企业主，不管 B2B 业务再怎么离不开我们，我们是不是应该狠狠心把自己从 B2B 业务上抽离，将精力聚焦在 B2C 业务上呢？

你可能会说："没有人可以帮我打理 B2B 业务，我也想专心做 B2C 业务，可实在招不到人，真的没办法。"

假如你这么说，就是在用战术上的困难去否定战略上的必要。

因为困难永远都存在，假如我们因为困难的存在而推迟战略目标的推进，这是一种战略实施工作的停滞，也会让自己继续停留在低维度的重复上。

综合上述，所谓战略能力其实是能看到未来的方向和目标（战略目标能力），能清楚应该遵循怎样的路径（战略规划能力），能咬牙克服执行过程中可能遭遇的困难（战略实施能力）。

那么，我们应该如何为企业制定战略呢？我们得先明确企业的使命到底是什么。

所谓企业使命，简单来说是企业存在的目的，而且这个目的必须具有长期性，只有随着时间的推移和企业的发展，原有的使命已经适应不了新的机会和市场时才可以发生变化。

但是有一点请注意，使命和愿景不一样。

所谓愿景，简单来说是我想成为一家什么样的企业，我想成为一个什么样的人,我想做什么样事情,达到一个什么样的目标。它是一种目标陈述,解决的是"做什么"的问题。使命则是愿景的一部分,它阐述的是我要怎样做才能够实现愿景,解决的是"怎么做"的问题。

譬如"成为中国领先的 LED 投光灯工厂",这是愿景还是使命呢?答案是愿景,只有"以供应链管理能力为核心,实现投光灯行业成本第一",才能够算是使命。

事实上许多企业并不是意识不到愿景和使命的作用,也不是没有愿景和使命,而是他们的愿景和使命只停留在墙上的文字而已。

例如,墙上的"愿景"说我们要成为 LED 行业最专业的领头公司。结果企业主一扭头,跟朋友投资了一家跨境电商公司做健身器材。墙上的"使命"说,我们要致力于推动 LED 行业的技术进步,结果公司新开发的产品全部都是抄袭的。

这样的愿景和使命就完全失去意义,不具备指导战略设计的作用。

那么,我们应该如何确立企业真正的使命呢?

我们必须先回答德鲁克先生曾经提出的几个经典问题:

我们的业务是什么?

谁是这项业务的顾客?

我们对顾客的价值是什么?

我们的业务将是什么?

我们的业务应该是什么?

在这五个问题里面,有一个词是大家经常混淆的,那就是"业务"。我相信绝大多数人在说到这个词时,都是从产品的角度出发的,譬如"我们是做家电的""我们的业务是外贸"等。但事实上,当我们谈及"业务"这个词时，应该从市场的角度出发，应该是一个满足顾客需求的过程。例如：

我的产品能够帮助客户在同质化竞争的时代脱颖而出，实现对方公司的年度既定目标——这个是满足客户需求的过程。

我的产品能够帮助用户在不使用遥控器和手机的情况下，通过语音控制家里所有电器——这个是满足用户需求的过程。

当我们的思维从"产品界定"（product definitions）转向"市场界定"（market definitions）时，我们会发现组织的格局在瞬间发生变化，并且带来了许多新的发展机会。

举个例子，大家觉得滴滴出行的业务是什么呢？

假如从产品界定的角度，滴滴出行最开始经营的是一个网络叫车平台。我作为顾客，有便捷打车的需求，你作为出租车司机，有更高效找到顾客的需求。把这两者联系在一起，就成就了滴滴。

但假如从市场界定的角度，可就不仅仅如此了。滴滴不仅在经营一个网络平台，他要做的是让出行更加便利。

把社会闲置车辆资源利用起来，做"专车"业务，这是让出行更加美好。

对于不想做"专业"业务的人，可以做"顺风车"业务，这也是让出行更加美好。

进军共享单车领域，难道不也是让出行更加美好吗？

所以，产品其实并不重要，它只是短暂的、承载某项功能的载体而已，只有需求和顾客才永远存在。这就是为什么我们要从市场和客户出发，先有客户再有产品。而不再是从产品出发，先有产品再去找客户。

当我们明确了上面五个问题的答案，接下来要如何设计使命的陈述呢？

菲利普·科特勒的《营销管理》阐述了一个好的使命陈述需要有五个主要的特征：

1. 专注有限但具体的几个目标。譬如"解放全人类"这种，属于模糊的目标。

2. 强调重大政策和价值观。意思是我们不要聚集在小事情上，要让员工在面临重大问题时，可以采取一致的行动。

3. 定义公司经营的主要竞争领域。包括产业、产品、能力、市场、渠道和区域等维度。譬如我公司现在耕耘的健康照明市场，就是基于细分市场的主要竞争领域。

4. 要有长远的眼光。好的使命至少能够涵盖未来10~20年的发展，一个能够设计出清晰使命的公司，从来不会因为失去方向而迷茫。

5. 精练、难忘和有意义。简短、直接，这个主要考验的是文字功底。

综合上述我们可以发现，其实企业经营和个人职场发展一样，都需要经历一个"找自己"的过程，并最终通过这段经历明确自己创业的目的究竟是什么，企业的使命和愿景必须是什么，公司未来5~10年的战略应该是什么。

那么，到底什么是"找自己"呢？我的观点是要找到这四样东西：热爱、擅长、利益和社会价值。

什么是热爱？简单来说，我到底喜欢什么？在做什么事情的时候能够让自己感觉开心且很容易沉浸其中？对于做这件事情，我不会吝啬付出，不会计较回报。

至于擅长，则是某一件事情我学习得很快，很容易就能做到（不管是和他人比较，还是和自己做另外一件事情比较），很容易就能收获完成它的成就感。

利益，是我所做的这件事情能够获得回报，而且主要是物质回报。

社会价值，指的则是我所做的这件事情对他人有价值，对社会有影响，能够对身边的人或事起正面的促进作用。

这四样东西，我们不能说缺一不可，但不管少了哪样，幸福指数都会有所缺失。

譬如热爱。我曾经有段时间，对于上班工作这件事情感觉到非常厌恶，每天准时上班，踩着点儿下班，有活儿就干，没活儿就看小说。工作对于我来说，纯粹是一种赚钱养家的谋生手段。我每天浑浑噩噩地混日子，当一天和尚撞一天钟。归根结底因为我一点儿都不喜欢自己在做的事情，缺少了"热爱"。

譬如擅长。我曾经干过一段时间国内销售。销售行业往往比较注重人际关系，逢年过节送个礼，隔三岔五问声好、请吃饭，这些都是常事。但偏偏"人际关系维护"是我最不擅长的东西，跟客户唠嗑这件事简直比杀了我还难受。这就是为什么我在做内销的那段时间，几乎没有一份工作能够在岗超过三个月。相比国际贸易销售岗位，国内销售岗位就是我的"不擅长"。

譬如利益。没有利益的事情肯定还是有人会做，但大概率是做不长久的。例如我之前所在的分享组织"外贸G友团"，一开始组织里有十几名从事公益分享的成员，但因为一直没有办法获取物质回报，所有人都在"靠爱发电"，于是大家感觉越来越疲惫，越来越多人渐渐淡出，最终整个组织都消失在时间长河当中。

譬如社会价值。根据马斯洛需求层次理论，人在解决底层诉求之后，都需要"被他人需要"，并通过为他人创造价值来判定自己的价值。毕竟人类是群居生物，假如不被他人需要，很容易感觉自己没有价值或没有存在感。例如，我刚开始创业时，干的都是"左手进，右手出"的搬运工工作，觉得自己对于客户和供应商毫无价值，依靠的不外乎客户的怜悯和施舍。于是我每天都过得很焦虑、很慌张，总担心自己跟客户的合同到期后，客户要是不跟我续约该怎么办。

在创业的前十年，我们的最主要工作，其实就是找到一件既是我热爱的，也是我擅长的，同时因为给他人和社会带去直接价值从而让自己赚到钱的事情。

这件事情终将成就我们下一个十年的企业战略。

第 25 章

我要如何提高经营利润

假如说战略解决的是企业未来 5 ~ 10 年的发展问题,那么利润解决的就是大多数企业接下来 1 ~ 2 年的存续问题。

在会计的角度,利润等于价格减去成本。这意味着假如我们要提高利润,不外乎提高产品的价格以及降低产品的成本这两种做法。

价格由什么决定呢?由市场决定,由我们能够给客户创造的价值决定。

这句话说起来简单,理解起来也不复杂,但其实绝大多数人都做得不好。举个例子,大家当年刚开始创业从事销售工作,给客户发开发信或者打电话的时候,一般是怎么做的?

"我是做 × × 产品的,想跟你介绍我们公司的最新产品。"

"我是一家行业领先企业,想和你介绍我公司的情况。"

请换位思考一下,这些信息对于客户来说有价值吗?没有。所以客户不愿意回我们邮件，不愿意接听我们的电话。

你可能会有疑问："我的产品价格便宜性能又好，我将这么棒的东西介绍给客户，难道没有对他产生价值吗？"

首先，产品价格便宜且性能优秀，真的就能给客户带来价值吗？要是客户的需求并不是便宜和性能呢？

其次，或许你是对的，可客户凭什么相信你呢？对于基本上不认识你的客户而言，你不过是个和别人没有什么区别的供应商，客户又为什么要花时间了解你，并且相信你真的能够给他带来价值呢？客户的认知是销售的事实，假如他不相信你能够给他带来价值，你就一定没有办法给他带去价值，即便事实并非如此。

从这个角度出发，价值是相对值而不是绝对值。在你真正为客户创造价值之前，客户得先看到并且相信你能够给对方创造价值。只有这样，他才会愿意支付某一个价格，购买你所创造的价值。

以我公司为例。我在 2011 年开始创业时，公司的主营业务是"国际贸易采购代理"。简单来说我的工作是帮助海外的客户处理中国的采购业务，包括不限于供应商搜寻、商务谈判、订单跟进等事务，主要利润来源于客户支付的采购服务费。

你可能会觉得奇怪，现在属于网络时代，信息很通畅，海外客户很容易找到中国供应商，中国供应商也很容易找到海外客户，为什么还会有这种类型的公司存在？甚至有些来公司面试的应聘者会很坦白地问："你们为什么还能活着？"

确实，信息不对称的消亡正不断挤压着贸易中间商的生存空间。所以刚开始创业时，我跟客户收取的佣金非常低，有的按照采购额的 0.5% 收取佣金，有的按照 1000 美元 / 月向客户收取固定费用。

但后来，我们渐渐提高跟客户收取的佣金费，从 0.5% 到 1%，再到 5%，然后到 10%，甚至到 25%，利润率是一开始时的 50 倍。

我们为什么能够做到这一点？客户又为什么能够接受？要回答这个问题，先跟大家分享一个真实案例。

我们有个国外客户，之前一直在当地市场购买产品，后来由于成本原因，开始和中国的工厂做生意。

刚开始和中国工厂沟通时，他出于各种各样的顾虑（譬如担心供应商知道他是谁、他的渠道是什么后，跳过他和下线客户直接沟通），关于自家公司的信息什么都不肯对工厂说，还一直假装成一个没钱的小客户（担心供应商骗他的钱）。中国工厂由于对他了解不多，于是真的以为他是个"干一票就走"的小客户，自然不怎么在乎他，服务也是怎么马虎就怎么来。然后，问题发生了。

工厂告诉客户："中国快要到春节假期了，货期会有所拖延。"由于客户之前没有和中国人做过生意，以为我们的春节假期不过是 7 天，对货期的影响大不到哪里去。但算上春节前和春节后，这批货的货期一推就是一个月。此时客户的心里开始有了疙瘩，开始对工厂产生不信任，觉得对方在找借口欺骗他，觉得"哪有什么假期能够影响一个月的交货期"。

后来又有一次，工厂告诉客户"由于原材料成本上涨，从下一张订单开始，价格需要上涨 25%"。本来就准备下新单的客户在听到这个消息之后非常愤怒，觉得这个供应商实在太不靠谱，必须马上换掉。

此时刚好我们和客户接触上，客户想拿这个案子测试我们的实力，于是他说："麻烦你们帮我重新找一家供应商。"

遇到这种情况，我相信绝大多数人的做法会是直接按照客户的要求，重新找一个供应商。毕竟在中国，另外找一个供应商很难。

事实上，客户真的需要一个新的供应商吗？更换供应商真的可以解决他的问题吗？

我们并没有按照客户的指示寻找新的供应商，而是先做详细的市场与供应商调查，确定原材料上涨这件事情是否属实以及行业内的平均涨价幅度是多少。最终得到消息，原材料成本确实上涨了，但上涨幅度只有 10%。然后联系给客户供货的这家中国工厂，和对方的老板进行了一场近 60 分钟的电话沟通，了解对方跟客户合作以来的始末，以及在原材料成本上涨 10% 的情况下，他为什么要给客户涨 25%。

沟通之后，结果让人感到诧异。

事实上这家工厂根本不是客户想象中的垃圾公司。对方的年销售额约为 7000 万元，做了非常多和客户相似渠道的订单，业务属性跟客户其实相当匹配。之所以之前会有那么多的问题发生，原因在于工厂主认为客户是个做一单就跑的客户。他根本就不缺这样的客户，服务起来自然马虎了，需要涨价的时候自然是涨得越多越好，想着即使客户接受不了，跑了的话他也没什么损失。

在了解了这些情况之后，我们明白了。供应商固然有情况，但客户未必就没有问题。换供应商这件事情虽然对我们有利，但对于客户而言却未必有什么好处，因为像这样有实力且匹配的工厂在市场上并不多见。思虑再三，我们决定去拜访这家工厂，看看经过一番沟通，是否可以解决客户和供应商之间的问题。

拜访对方后，结果非常理想。当我们扭转了工厂老板的认知，让对方知道其实客户并不是一个小客户，而是一个规模体量以及匹配度都和他非常契合的企业时，接下来的一切都非常顺利。最终工厂按照行业的平均涨幅水平只给客户涨了 10%，这意味着我们除了直接帮客户省了 15%，还帮他留下了一个优质的供应商。

说完这个案例，我们再来回顾之前的问题。

为什么我们还能活着？因为 B2B 和 B2C 不一样，在 B2C 场景中标价 100 元的商品，你花 100 元就能买得到，但是在 B2B 领域，标价 100 元的产品，由于种种因素影响导致了大量交易成本的存在，你可能要花 150 元才能够买到这 100 元的产品。我们的存在，是让客户能够以尽可能接近 100 元的价格买到产品。

为什么我们能够收这么贵？原因很简单，第一，我们给客户创造了更高的价值；第二，我们给客户创造的价值可以量化。例如上述案例中我们帮客户节省了 15%，客户一算账，自然知道付多少给我们后还依然值得。

在我们公司度过了采购代理阶段后，一直致力的就是在"供应链总成本"的领域给客户创造价值。我们能够帮助对方降低越多的供应链总成本，我们对客户的价值就越大，客户愿意支付给我们的价格也越高。

到底什么是供应链总成本呢？

请大家先思考一个问题：对于客户而言，"成本"二字到底意味着什么？

很多时候我们总以为客户的成本就是我们的价格，其实不然。对于客户来说，真正的成本一定包含：

采购成本，一般指产品的价格。

链条成本，指产品在链条上流动时所产生的成本，譬如物流成本。

交易成本，指客户在促成这笔交易时需要付出的成本。

从为客户创造价值的角度，我们要做的不外乎是以下三点。

1. 降低客户的采购成本。

作为采购代理，过往每当供应商发生价格问题时，我们总是依靠谈判来解决问题，譬如使用各种各样的话术和技巧，让供应商给我们让利。

但后来我们发现，谈判顶多只能解决 10% 的成本问题，另外 20% 的成本问题来源于流程，而 70% 的成本问题在产品设计的时候就已经注定。举个简单的例子，假如我们需要去某个目的地，不管飞机票的价格再怎么打折，都不可能比我们搭乘巴士便宜，因为飞机的成本搁在那儿呢。

所以当我们需要在降低采购成本这个领域下功夫时，我们更多地必须通过价值分析（value analysis，VA）、价值工程（value engineering，VE）、优化流程以及最重要的"次级供应商管理"的手段来解决。

什么是次级供应商？譬如我们去麦当劳消费时，麦当劳是我们的一级供应商，可乐就是我们的次级供应商。

在现实的商业世界里，由于资源和精力的限制，很多时候我们只能够管理一级供应商，而将管理次级供应商的职责更多地放给一级供应商。譬如在 LED 照明的领域，灯具一般由壳体、光源、电源和透镜组成，身为中间商的我们往往并不具备单独从每一个厂家购买零配件再自行组装的能力，我们通常会指定一个供应商，说："这门生意交给你了，你负责将其他零部件采购齐了，组装为成品后再卖给我吧。"此时这个供应商就称为一级供应商，而其他的零配件供应商则称为次级供应商。

很多时候，许多一级供应商并不具备管理次级供应商的能力。举个实际案例：

X 是我们的一级供应商，Y 是我们在展会遇到的零部件供应商。因为 Y 的技术水平过硬，我们将他介绍给 X，让 Y 作为我们的次级供应商。有一天 X 突然给我们发邮件说要涨价，一问原来是 X 一开始给我们报成品价格的时候并没有跟 Y 联系，而是直接按照市场价格计算。等到我们快下单了，X 和 Y 一联系，才发现 Y 的价格比市场价要高，于是 X 就只能给我们涨价。

像这样的情况，本来我们只能够认栽接受新的价格，但想想我们还是给 Y 的老板打了个电话，然后发现原来问题出在 X 身上。X 的采购是一个只懂得问价格的小采购，他在和 Y 询价后就将价格反馈给自己的公司，根本不懂得"销售"自己，不懂得向对方描述项目的前景。在发现 Y 的价格比市场价高时，也没有主动采取什么措施尝试把价格降下来。

没办法，我们只能够自己上阵去跟 Y 谈，跟 Y 阐述我们的公司实力和项目前景，跟他确认："你真的要为这一次短期的价格上涨牺牲以后持续不断的订单吗？"最终把 Y 的价格谈到正常的市场水平，X 也不用给我们涨价了，皆大欢喜。

想象一下，类似这种工作海外客户有可能自己做到吗？不可能，对于大多数海外客户而言，他们根本就无法触及次级供应商，尤其是在全球疫情的大环境下。

真正帮助客户把产品的采购成本降下去，是我们给对方创造的第一个价值。

2. 降低链条成本。

当产品在链条上流动时，不管是从零部件工厂移动到组装工厂，还是从工厂出发到客户仓库再流动到下线客户的手上，总是伴随着成本发生，不管是操作费、运输费、清关费还是仓储费等。

过往大家并不怎么在意这些成本，因为外部效益的存在可以掩盖这些成本的问题。就如同一个人有钱的时候，他可能会买一碗鲜虾云吞，再买一碗鲜肉云吞，吃不完就丢掉，完全不考虑是否浪费。别人说"你这样太浪费了"的时候，他可能会回答："没关系，反正我有钱。"

但假如我们认真地算一算账，会发现这些年因为粗暴管理浪费掉的钱可能会多到让自己颤抖。尤其当生意已经不再像以前那么好做时，当我们已经没办法再向市场求效益时，省钱就等同于赚钱。

例如，有一次我们帮客户梳理历史数据，发现了一大堆本来可以避免的费用。

客户大手大脚花钱开模具，结果超过一半的模具根本就没有生产大货。

客户没有计划好现金流，结果导致接近40%的货柜没办法在到港之后迅速被提走，造成大量的滞港费。

客户没有计划好下单，结果有些货物不能够跟随着货柜走海运，只能够匆匆忙忙地走空运，而空运的价格是海运的好几倍。

客户没有做好不同供应商之间的协同，结果有些订单放在供应商仓库里几个月才能提货，白白积压了定金。

这些费用有多少？最终数字算出来的时候我自己都吓了一跳，足足有人民币50万元。

50万元是什么概念？在净利润10%的情况下，客户要销售500万元的货才能够把这笔钱挣回来，可现在的他却等同于将这笔钱白白丢掉。

试问一下，假如我能够帮客户把这50万元省下来，让他付我30万元行不行？

3. 降低交易成本。

交易成本到底是什么？

搜寻信息的成本。譬如买方为了找到合适的卖方，需要花时间上网搜索，或者花费时间与金钱特意跑来中国一趟。

协商与决策的成本。为了达成交易，买方与卖方进行协商、谈判并做出决策的成本。由于交易双方的相互不信任，这一块的成本往往会非常大。

契约成本。在即将达成交易之前，买方与卖方拟定合同并对合同进行磋商的成本。

监督成本。在契约达成后，买方为了确保卖方履行契约内容而产生的成本，譬如验货，或者指派某个人专门跟进某个卖方的订单。

违约执行成本。在契约达成后，假如卖方违反契约，譬如下单之后涨价，买方为了强制对方履行契约而产生的成本，譬如律师费、诉讼费等。

转换成本。例如双方交易完成后，买方发现卖方的产品质量有很大问题，于是不得不更换供应商，此时所产生的成本就是转换成本。

这些成本全部属于隐性成本，并没有多少人关注到这一块，但它实实在在发生在每笔交易当中。我们的工作，不外乎就是揭开它，然后告诉客户：我能帮你把这一块成本降下去。

譬如原本客户每年要飞两次中国，机票多少钱，酒店多少钱？现在有我们在，客户可以省多少钱？

譬如客户在当地专门设立一个岗位跟进中国的供应商，工资多少钱？现在有我们在，客户只需要付多少钱？

综合上述，就是我们公司当年的供应链管理业务能够生存并发展的原因。我们能够帮客户设置一个具体、可量化的目标，然后通过我们的方式实现它，而不仅仅是"我们的产品质量好，服务水平高"等不落地的话，听着就让人觉得"假大空"。

在"利润 = 价格 – 成本"的公式里，我们通过降低客户总成本的方式给客户创造价值，并以此提高客户对我们所采购产品与服务的价格，以最终提高利润。

除此之外，我们是否还可以压缩自己的成本，再一次实现利润上升呢？

要回答这个问题，得先理解成本究竟由什么决定。

有些人可能会说，成本由材料成本、人工成本、管理成本等决定。理论上这么说没错，但从更深一层思考，成本其实由"复杂度"决定。

举个很简单的例子，假设我们要生产1000个杯子，一种情况是1000个杯子只做1种颜色，一种情况是1000个杯子里面，100个是红色，100个是白色……每100个杯子的颜色都不一样。请问在这两种情况下，杯子的成本有可能一样吗？

答案不言而喻。这个就是复杂度里面的"产品复杂度"。

产品一旦复杂带来的后果非常可怕。例如在1000个杯子只做1种颜色的情况下，我们可能只需要一个采购人员就足够了。可假如1000个杯子要做10种颜色的话，说不定我们就得对接五个供应商。供应商一多，说不定一个采购人员就不够用了，于是我们就不得不增加人手。

增加人手意味着组织复杂度变高。组织的复杂度一上升，管理也会随之变得复杂，除了干活的人之外，还要有监督干活的人以及指导干活的人。譬如企业里常见的"价格申请报告"，在原本组织不复杂的时候，这份申请报告进入流程后直接就到了老板手中。现在流程中还有主管、经理、总经理、副总裁……这些人有的三天两头出差不在公司，有的事实上并不懂得价格审批这样的专业工作，有的故意拖着不审批以显示自己的权威性和重要性。搞得销售为了能尽快拿到申请报告，要么得三天两头打电话催促，要么得"求爷爷告奶奶"恳请对方尽快把申请给过了，这又带来什么？

流程的复杂度上升。

产品、组织和流程，这些东西一复杂，成本自然就不容易控制住。

那么，我们到底应该怎么解决复杂度的问题呢？

首先，把控产品的复杂度。

我相信许多人有类似这样的经历：每当客户反馈需要什么产品时，我们就赶紧跑去供应端，询问工厂是否能够研发和设计这款产品，并将这种行为美其名曰"从市场出发"以及"以客户为中心"。

结果工厂堆积一大堆的产品和型号，但真正卖出去大货的有多少？SKU（最小库存单位）一多，产品的复杂度自然也高。

这种情况在大企业和小企业都很常见，最终搞得企业苦不堪言，再大的仓库都不够用。例如几年前我拜访某家供应商（世界500强）时，他们当年的战略只有一个——"砍SKU"，就是因为产品复杂度太高了。

请记住一句话："客户愿意付费的复杂度才是好的复杂度。"客户不愿意付费的那些，说明对他本来就没有太大的价值。譬如客户说他要彩色纸箱，我说："好的彩箱需要加3美元"，客户说："行你将PI发过来吧"，加了3美元之后我的利润比做普通的牛皮纸箱更多，那么增加彩箱的行为就是一个好的复杂度。可假如客户不愿意加钱，或者加的钱甚至都覆盖不了成本，那这样的需求是有害的，既增加了复杂度，又没能带来效益。

把原本没多少销量的产品砍掉，这是在存量上做控制；客户不愿意付费的额外要求不接受，是在增量上做控制。双管齐下，自然能控制住产品的复杂度。

有朋友可能会说："客户就是需要这么多型号，假如我把型号都砍掉了，得罪客户怎么办？"

可是，客户真的需要那么多的型号吗？不，很多时候客户的许多要求只是对方的灵光一闪而已。举个例子。

客户说："Daniel，我需要一个三角形的矿泉水瓶盖，这样才有足够的产品差异。"

当我们不假思索地按照客户的要求去做，结局往往只有两个。

第一个结局：无论怎么找都找不到，因为这并不是常规的产品。毕竟所有的矿泉水瓶盖都是圆的。

第二个结局：终于找到一家工厂愿意做了，但要么单价非常高，要么开模费非常贵，要么MOQ（最小订单量）非常大。

当我将这个方案给到客户时，对方往往会惊讶地说"居然这么贵"或"MOQ居然这么高"，然后就没有下文了。

因为所谓"三角形的矿泉水瓶盖"的想法，并不是真正的需求，只是他的想法。

而我们为此花费了许多时间和精力，却没有得到相对应的回报。

所以在接到客户的需求时，我们往往需要对需求进行管理和引导，去探寻客户期望背后真正的需求和动机，然后将他引导到我们希望对方购买的产品型号上。

其次，优化流程的复杂度。

流程复杂其实是最让人头疼的（尤其待过大公司的人一定深有体会）。

原因在于有权力改变和优化流程的人，往往是组织的高层，这些人体会不到流程复杂所带来的痛苦。而每天都在遭受流程折磨的执行层们，除了无力改变流程外，慢慢地还会习惯这种流程。这就导致即使后续组织要对流程进行优化，他们反倒是反抗最为激烈的一群人，"我好不容易才适应现在的工作流程你居然又要改"云云，结果复杂的流程会一直复杂下去。

到底什么是流程复杂呢？举个例子，有一次我去上海参加一场线下活动，报名的流程如下：用户报名之后，系统并不会自动给一个反馈，"您已成功报名"或者"您报名不成功"，而是直接就返回了原来的页面。

用户此时肯定会心存疑虑，担心自己是不是报名不成功。于是他会给主办方打电话或发微信："我到底报名成功没有"或"系统没有显示余票数量，我到时候会不会没有位置"等。（同样道理，假如你公司有订单进度实时反馈机制的话，客户何至于时不时给你发个邮件问："到底什么时候可以发货？"）

这种情况的发生意味着什么？意味着我们不得不人为地给流程"打补丁"，譬如配一个客服人员，随时等候回答用户的问题。

这是用组织的手段来解决流程的问题。但采取组织的手段往往是有成本的，客服人员虽然工资不高，但几千元也是额外的成本。要是我们让其他岗位的人兼职做这件事情那就更糟糕了，机会成本更大。

明明加一个反馈机制就能够解决的事情，为什么大多数公司不干呢？

原因有两个。

一是采取组织手段更简单。"人手不足那就招人嘛，总经理难找，客服还不容易"，有这种想法的人，往往忘记了我们在工作中一个很重要的原则：做正确的事情，而不是容易的事情。

二是"都火烧眉毛了，哪有闲工夫搞流程的事情？赶紧来几个人解决用户的投诉吧"，有这种想法的人，往往被"紧急"绑架了，而忽略了"重要"。

优化流程本就是一件重要但不紧急的事情。如同之前所说，在复杂的流程当中，高层感觉不到"痛"，执行层又习惯了旧流程，结果往往就是

"搁置一下以后再说"。对于重要但不紧急的事情，靠的是决心而不是能力，流程的优化如此，供应链的优化更是如此。没有"能不能做到"，只有我们"要不要做到"。

那么，我们到底应该怎么进行流程的优化呢？原则只有一个：以客户为中心。

表面上，遭受复杂流程折磨的是内部员工（例如不得不从其他岗位跑来支援客服工作的人们），但最终遭受折磨的始终还是客户。例如，原本是一个简单反馈页面的事，结果客户不得不翻找供应商的电话或微信，然后打过去问到底是怎么回事，这难道不是一种时间和精力的浪费，难道不是一种折磨？一旦有了折磨，客户就会产生抱怨，乃至于最终决定离开。

假如我们能够看到这一点，高层们自然容易下优化流程的决心（因为影响到客户自然就会影响营业额），也能够找到优化流程的方向：从客户的角度，实际体验一次流程就知道了。

所有流程的存在都有其历史原因，但正因为"历史"二字，往往意味着它已经不再适合当今效率的需要，可改流程又容易产生"阵痛"。到底要不要改，应该如何改，考验的是一名经营管理者的魄力。

除了决心之外，进行流程优化时我们往往还需要配合方法或者工具。

我常常在公司说一句话："假如一项工作你干得很辛苦，要么没用对方法，要么没用对工具。"

譬如，在成立公司那么多年后，大家开始实行客户关系管理制度了吗？即使使用 Excel 也行。

假如没有实行客户关系管理制度，在那么多客户的情况下，我们怎么知道业务们上一次和某个客户联系是什么时候？以及到底联系了什么内容？在员工离职时，我们怎么确保对方已经将所有的客户资料都完整地交接给了下一位销售？

人性是经不起考验的，我亲眼见过一个销售员，在离职当天直接把公司的电脑硬盘格式化，包括客户资料。假如没有工具，我们只能寄希望于员工的职业道德。假如没有工具，所有的工作只能靠人脑。流程得不到优化，企业效率又怎么可能提得上去？成本自然也就没办法降下来。

最后，降低组织的复杂度。

由于企业机构臃肿带来的组织复杂度问题要怎么解决？靠裁员就可以吗？

答案是不行的。在产品复杂度和组织复杂度降下来之前，裁员表面上降低了组织的复杂度，但工作还是那些工作，流程还是那些流程，依靠裁员带来的复杂度降低迟早都会反弹回来。道理跟减肥一样，假如单纯依靠节食减肥，一旦有一天你恢复了饮食，体重一定会反弹回来。

事实上，只要产品的复杂度和流程的复杂度降了下来，组织的复杂度肯定也高不到哪里去。

就好像之前我们依靠客服人员给复杂的流程"打补丁"，现在通过流程优化工作实现了提速甚至自动化，自然不再需要那么多的人。

举个例子，几年前市场尚未普及通过手机微信点餐时，我去某家店买煎饼果子。当时那家店的流程让我感到非常惊叹。顾客扫码付款后，订单信息会自动出现在显示屏。商家根据订单信息制作煎饼果子，完成制作后商家再按一个键，我的手机就会自动收到信息："货已完成请及时领取。"根本不像以前那样，餐厅里需要有人收款，需要有人下单，需要有人送货……哪里都需要人。

这是一个趋势，组织问题正在逐渐被优化过的流程解决。事实上也是如此，你看现在很多餐饮店都是由顾客自己扫码点餐的，餐厅方便，顾客也方便。

降低了组织的复杂度，企业的成本下去了，利润自然也就上去了。

所以，我经常在公司强调："做任何工作之前，请先思考这项工作是否能够实现流程化和自动化。"

总而言之：

利润＝价格－成本。所有觉得自己现在挣不到钱的，生意难做的，先从这个公式剖析起，看看自己到底在哪个环节出现问题。

价格由市场决定。由我们给客户创造的价值决定。而且这个价值必须足够具体和可量化。

成本由复杂度决定。复杂度可以细分为产品的复杂度、组织的复杂度和流程的复杂度，假如我们没办法将复杂度降下去，降成本完全不用谈。

本章内容全部属于供应链管理领域的知识，讲述的是如何通过供应链管理去创造更大的利润。每家公司都应该是客户的虚拟供应链管理经理，通过帮助客户进行供应链的优化实现我们的最大价值。

事实上，所有的竞争归根结底都是供应链的竞争。在当前市场同质化严重的情况下，供应链管理几乎可以说是国际贸易甚至所有商业领域最具有生命力的风口。

最后，假如大家对于供应链管理领域的深度知识感兴趣，推荐大家看刘宝红老师的一本书《采购与供应链管理》。

第 26 章
所有的竞争，本质上都是供应链的竞争

为什么说所有的竞争本质上都是供应链的竞争？

在大多数人的认知中，工厂的价格一定比贸易公司更低。因为工厂背后所代表的供应链是"零配件—工厂"，而贸易公司背后所代表的供应链是"零配件—工厂—贸易公司"，链条更长以及复杂度更高，价格自然更高。（当然，这种认知其实有偏差，我们在后续章节再做详细阐述。）

同样道理，电商之所以能够崛起，也是因为电商身处的供应链改变了信息、资金和产品流动的方式与成本。譬如在传统供应链中，商家必须开线下的实体店才能将自己的信息展示给消费者，消费者必须到实体店才能进行支付并提取商品。但在电商供应链中，商家通过网络就能将信息展示给消费者，消费者也不需要花费时间和精力到实体店支付和提货了。中间省下来的成本成为供应链红利，分给了商家和消费者。（从这个角度，我们自然也能理解为什么后来有些电商公司开始建设实体店，因为线上的信息成本变得比以前更高，甚至高于在线下开实体店了。）

到底什么是供应链？简单来说，供应链是提供客户价值的链条。譬如你想喝苹果汁，于是我去果园买了一个苹果，又跑到榨汁工厂将这个苹果榨成汁，然后买了一个瓶子装苹果汁，最后让快递公司帮我把这瓶苹果汁寄给你。这一整个链条就是供应链。

在供应链中，有三种要素的流动：信息流、资金流和产品流。

什么是信息流？你告诉我想喝苹果汁，我告诉果园我需要苹果，我告诉榨汁厂我需要榨汁，我告诉快递公司需要快递一样东西，快递公司贴在包裹上的快递单等，这些都是信息的流动。

什么是资金流呢？我将款项支付给果园、榨汁工厂、瓶子商家、快递公司等，这些动作是资金流。

什么是产品流呢？苹果从果园到我手上的流动，从我手上到榨汁工厂的流动，苹果汁从快递公司到你手上的流动等，所有涉及实际物品的都是产品流。

所谓供应链管理，其实是对信息流、资金流和产品流进行管理，通过对它们的优化调整甚至重新设计，达到最大化客户价值，最小化链条总成本，最快速进行产品交付的目的。

譬如当你第二次还想喝苹果汁时，我寻思着跑去果园买苹果再把苹果送去榨汁厂的效率太低，问果园能不能直接把苹果送去榨汁厂，榨汁厂再直接装瓶帮我寄出去。这种做法，提高了效率。

譬如你第三次还想喝苹果汁时，我问你是不是以后每天都想喝。假如是的话，我一次性去果园订几百个苹果，可以产生规模效应，降低总成本。

譬如你希望每次一想喝苹果汁的时候马上就能喝到，于是我在你家附近租了一个小仓库,当你想喝苹果汁时打个电话,只需要5分钟仓库人员就能将苹果汁送到你的手上。这种做法,提高了交付的速度。

譬如你在喝了几次后觉得这瓶果汁真的很好喝,将我推荐给很多朋友。订单一多,榨汁工厂开始忙不过来,于是我索性自己建了一个榨汁工厂,以确保生产效率。

通过上述我们可以发现,"供应链"这个词,并不是许多人认知中距离我们很遥远的事情。供应链管理也不仅仅是采购人员的工作,它其实是企业经营者对经营模式的思考,以及对效益和效率的不断提升,是我们突破企业天花板,迈向下一个发展阶段的必备工作。

在第20章提到了企业经营有四个阶段:小而全,小而专,大而专,大而全。

对于创业前十年的企业来说,我相信大多数都处于小而专的阶段,那么大家最关心的问题往往是:我到底要如何迈过小而专,然后实现大而专?

有三个方向可以选择:

在产品上做文章,实现产品本身的差异化。

在营销上做文章,让产品卖得更多更高价。

在供应链上做文章,实现供应链的降本提速。

个人观点,第三个选择对于绝大多数企业来说,更加具备可复制意义。

1. 不管我们在营销端发力,还是在产品端创新,都离不开进一步投入。

但市场有天花板,尤其在当前绝大多数行业都趋近饱和的情况下。就算我们能够进一步拉升营业额,需要付出的代价也会非常大,专业术语称为"边际成本太高",或者说"边际效应太低"。

什么是边际成本呢？每新增 1 单位销量所带来的总成本增量。

什么是边际效应呢？每增加 1 单位投入所带来的总效应增量。

举个例子，在市场还没有饱和的情况下，我们可能去一趟展会就能拿下几张订单。可是在市场已经饱和的情况下，不管是支持客户抢夺更多的市场份额，还是从竞争对手的手中抢夺更多的客户，我们都必须付出更多的人力和物力。

在蛋糕永远只有那么大的时候，我们为了抢夺更多的蛋糕而付出额外资源的行为，就是俗称的"内卷"。

2. 大多数企业并不具备在产品端和营销端塑造差异化，乃至守住差异化的能力。

尤其在当下大环境下，当"抄袭"成为常态时，产品端和营销端的竞争优势生命周期会非常短。

3. 对绝大多数迈过生存期的企业来说，省 1 元钱跟多卖 1 元钱，对于利润率和企业经营的意义不一样。

假设一款产品售价 12 元，成本 10 元，此时的毛利率为 16.7%。在提升售价 1 元的情况下，（13–10）/13，毛利率为 23%。可在降低成本 1 元的情况下，（12–9）/12，毛利率却为 25%。

省钱能够提升更多产品的盈利能力。

4. 在拥有订单势能的前提下，优化供应链比优化产品端和营销端更加简单。

想象一下，有了订单再去找供应商，相比有了产品再去找客户，到底哪个更难？

事实上，当我们的企业已经发展到一定阶段时，自然会从原本的"向外求效益"，也就是向市场、销售求效益转变成为"向内求效率"，也就是通过供应链管理的手段，提高企业的经营效率。

到底什么是供应链管理？

简单来说是从客户的需求出发，以最大化客户价值、最小化产品成本、最快速进行交付为目的，将满足需求的方案变成现实的行为。它包含采购与供应管理、生产与运营管理、产品与物流管理三大职能。

听上去似乎有点复杂，让我们用一个商业世界里的案例帮助理解。

美国 ABC 公司的主营业务是空调产品。有一天公司的决策团队在分析销售人员收集到的用户需求信息后，觉得太阳能空调这项业务大有可为，于是制订了采购计划发给中国的空调供应商 E 公司。

E 公司收到 ABC 公司的采购计划后非常重视，马上将采购计划分发给太阳能方案公司、压缩机工厂和自家的空调零部件工厂，要求它们马上提供资料。太阳能方案公司又将其分发给太阳能电池板工厂、逆变器工厂和控制器工厂等零部件供应商。

在确定所有零部件的价格和交货期等信息之后，E 公司将报价发给 ABC 公司。

ABC 公司接受价格并下单给 E 公司，同时支付了 30% 的订金。E 公司在收到货款后，也正式下单给所有的零配件工厂，约定 25 天之后，所有的零配件都必须送达 E 公司的总装车间。

25 天后，所有零配件送达。E 公司开始组装，并在 5 天之后，发货给 ABC 公司。

发货 30 天之后，货物经过海运、进口报关、陆运、仓储调动等环节后正式上架到终端卖场，并销售给最终用户。

至此一个完整的订单流程完毕，请大家思考两个问题：

在图 26-1 中，到底哪个是供应链？

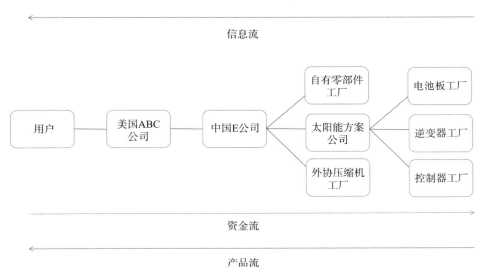

图 26-1　国际贸易订单流程图

谁最应该掌控供应链？或者说，一旦供应链出现问题，谁受到的影响最大？

第一个问题的正确答案是：这一张完整的图就是供应链。

在许多人的认知当中，供应商等同供应链，觉得供应链管理就是管理我们的供应商。但事实上供应商管理仅仅是供应链管理的一部分，完整的供应链管理还包括客户需求的管理、企业内部流程的管理、生产与运营管理、供应商的管理、供应商的供应商管理、信息资金与货物流通通道的管理等。

一旦供应链出现问题，谁受到的影响最大呢？答案是美国的 ABC 公司，因为当货物到达它这个环节，此时的供应链总成本最高，ABC 公司所面临的风险也最大。想象一下，假如在美国还有一家同样卖空调的 XYZ 公司，是 ABC 公司的主要竞争对手，表现上看两家公司竞争的是产品、价格和服务，但往深层次想，这两家公司之间真正的竞争难道不是各自背后庞大的供应链吗？

在供应链中任何一个环节的货期出现问题都会导致 ABC 公司出现交货问题，任何一个环节的成本上升最终都会导致 ABC 公司的价格竞争力减弱。我们的海外客户们恨不能将"触手"深入到原材料供应商身上，就因为需要让供应链处于自己的掌控当中，只有这样才能尽量避免问题和意外的发生。

但是，在国际贸易的大场景下，并不是所有的海外公司都具备深入供应链的能力。所以掌控供应链的职责就落到了海外客户的上游，也就是出口型公司的身上。

掌控供应链的表现是什么？最优先的工作是采购与供应管理。

想象一下，当我们卖出去 100 元的产品时，里面有多少钱需要支付给我们供应商？对于绝大多数公司来说，少则 50～60 元，多则 70～80 元，这么大比重的资产活动，难道不值得我们重视吗？

但很遗憾，许多公司并不重视采购与供应管理工作。它们要么觉得采购是一个容易滋生腐败的岗位，放上去的全是"皇亲国戚"，例如老板的小姨子或者老板娘的小舅子，而不管他们的能力究竟是高还是低；要么觉得"采购不就是买买买嘛，赚钱不容易花钱还不简单？随便一个人都能干"，结果放上采购岗位的都是在其他部门混不下去的人。

像我一个客户的公司里就有这种情况。他们公司在招聘应届毕业生后，第一项工作就是派这些新人去采购部轮岗，几个月后再来看这些人到底适合哪些其他的岗位。这种情况搞得我们不厌其烦，每隔几个月就要教一次新人采购，每隔几个月就要重复每一个新人采购上岗时的那一句经典的话："你的价格还能不能再便宜一点？"

一说到采购所有人的脑海里都会浮现"讨价还价"这个词，但其实讨价还价只是最低级的采购技能。举个例子，假如某个产品全世界只有一家工厂能做，而且你顶多能购买货值为 3 万美元的数量，你讨价还价试试？

前段时间有位朋友公司要招采购员，他觉得会压价的人应该能够胜任采购工作，于是还在面试时特意看了对方的淘宝清单以及跟商家的聊天记录。听到这个故事的时候我差点笑死，假如懂得讨价还价就能做好采购，那还不如去聘请每天在菜市场买菜的大妈，她们讨价还价起来，比我公司那位做了 10 年采购工作的同事还厉害。

请大家务必记住一句话：B2B 和 B2C 不一样。

在 B2C 的场景里面，作为消费者，我们面对的是最靠近用户的公司。这些公司的思维是从用户的需求出发，例如 "7 天无理由包换" "30 天只换不修" 等。但是在 B2B 的场景里，作为采购，我们面对的是一帮每天埋头在生产线上干活的人。

第一，他们非常务实，不见兔子不撒鹰。例如，有些公司一开口就是："有没有实单，没有实单我就不报价了吧。"

第二，他们非常看重订单数量，因为他们的毛利率本来就很低，为了维持工厂运转并获取足够的利润，他们对于订单数量非常苛求。简单来说，假如没有足够多订单数量的话，再厉害的采购人员也拿不到好的支持。

第三，他们素质不高，尤其是年销量只有几百万元的小型工厂。大多数业务都是老板和老板娘靠着勤奋努力在运营，根本就没有什么管理。"通信基本靠吼、交通基本靠走、治安基本靠狗"，由于流程和标准化的缺失，出问题的概率非常高。假如采购不懂生产流程，很容易就会"掉进坑里"。

而且如同之前所说，你要是一下子能够下 100 个货柜的订单，或许还能享受"上帝般的待遇"，可要是你顶多只能购买一个货柜，只是别人眼中的小客户，那该怎么办？

这个时候，就需要真正的采购出马了。

采购的职能一般有三个：**开发、商务和经营**。

所谓开发，指新产品开发，新供应商开发。需要强调，开发不仅仅是俗称为 sourcing 的寻源工作，也不是客户要什么（不管是外部客户还是内部客户）我们都跑去找供应商，而是要管理客户们的需求。否则最容易发生的事情是客户要求了一大堆非标产品，设计部门做了一大堆图纸，采购部门找了一大堆的供应商，开了一大堆模具。结果年底一盘查，发现 90% 以上的型号都没有下过大货订单，这种行为即增加了供应链的"复杂度"。

复杂度是供应链管理的大敌，不管是产品复杂还是流程复杂。

什么是产品复杂呢？举个例子，假如 1 个杯子 10 种形状，每个形状 10 种颜色，每种颜色又有 3 个供应商，而不是 1 个杯子 1 种形状 1 种颜色 1 个供应商。前者相比后者，就有更高的产品复杂度。

什么是流程复杂呢？举个例子，譬如我们每次下单都需要一大堆领导审批，什么主管、经理、总监、总经理、副总裁，以及技术、生产、财务等。这些领导们要么经常将审批单搁置几天，要么随随便便把审批单驳回让我们从零开始走流程，费时又费力。一张订单 30 天交货期，有 10 天都花在内部走流程上，这个是流程的复杂度。

复杂度高意味着成本也高。像我们的一个客户，有一次非要定制一款与众不同的 LED 光源，说只有这样才能够和竞品形成差异化，只有这样才能够在市场上卖得更好。结果在供应商把这款产品开发出来后，我们发现不良率足足有 30%，这意味着成本 100 元的材料，原本可以做 98 片产品（不良率 2%），但现在只能做 70 片，成本至少上升了 40%。

好在最终客户愿意为这个成本上升买单。

所以管理需求固然不是客户要什么我们就给什么，也不是客户要的我们什么都不能给还说："我们公司只有一个型号，不接受定制。"这不符合从需求出发的原则。判断到底是好的需求还是不好的需求，标准是客户是否愿意为之买单，而且必须支付超越成本的价格。

总的来说，采购岗位的开发职能是根据需求找到一个满足需求的方案的过程。

但是方案"有没有"是一个方面，"好不好"又是另外一个方面，这个时候就需要商务职能出马了。

我们如何衡量一个方案"好"还是"不好"呢？严格来说它必须同时满足两个条件：第一个条件是"稳定"，不能今天产品的性能高到120分，明天又降到80分，这样的情况不符合稳定的标准。第二个条件是"性价比"，不要最好的，不要最差的，要最适合的。这两个条件是采购人员商务职能的重要目标。

假如大家接触过研发人员和设计人员，会发现这些岗位中的许多人根本没有成本意识。例如原本我们搭乘高铁就能到达目的地，但研发人员和设计人员非要做一个搭乘直升机的方案出来，还说："这种出行方式的速度最快，浪费在旅途中的时间也最短。"理论上当然没错，可我们会发现这种方案的成本没有几个人能够承担得起，就算我们跟直升机租赁公司说："你再便宜一些吧。"又能够便宜到哪里去呢？飞机的成本搁在那儿呢！最终我们还是只能改为搭乘高铁，慢是慢了一点，但是我们支付得起价格。

在预算的范围内选择性价比最高以及最稳定的方案，这是采购的商务职能。

所以我们可以发现，商务职能真的不仅仅是讨价还价。说实话，现代商业世界的竞争那么激烈，产品成本又那么透明，除非是新产品或者冷门产品，否则大多数供应商自己的利润也不过 15%～25% 而已，又能给我们让多少利呢？

绝大多数成本并不能靠谈判降下去，更有效的措施是对供应商流程进行优化以及 VA 和 VE 的工作。

什么是流程的优化呢？举一个例子：作为客户，原本我给你下单走的是邮件发 PO（purchase order，采购订单）的流程，你接到 PO 后还得一个一个地将其手动输入系统。但现在我不用 PO 了，我用你公司标准格式的 PI（proforma invoice，形式发票）。你拿到 PI 后可以直接导入系统，甚至可以开放权限让我直接去你的系统下单。在改变这个流程后，你的员工可以少做一项工作，你甚至可以少聘请一名跟单员，省下来的成本换算成订单折扣给我，双赢。类似这样的工作，就是流程的优化降本。

事实上对于绝大多数国际贸易企业来说，流程优化降本的空间非常大。例如下面这个场景，我相信绝大多数人都经历过。

客户要求的货期马上要到了，但此时供应商依然给不了确切的交货日期。你打电话给供货商，但除了一堆道歉和根本没有用的承诺外，你什么都没有得到。于是你又直接打电话给车间主任、采购经理和品控主任，最终知道货期问题的本质原因，是某个零部件供应商的货抽检不通过，需要重新生产，但具体什么时候可以把货物生产出来，对方完全说不清楚。于是你费老半天时间又找到这个零部件供应商的联系方式，好说歹说才最终确定零部件的到货时间，紧接着又和供应商确定了上线生产的时间。终于，赶在约定交货日期之际供应商将货物生产完毕，你本来想着总算可以松一口气了，结果又发生由于工厂内积压了太多拖车，导致你的拖车进不了厂门的情况，还有由于当天太多货物要装柜，工人不够用的情况。

每天都有一大堆的问题发生，每天都有几十封邮件和几百个电话"飞来飞去"。一大堆人整天处理电话和邮件，这些情况难道不影响成本，不影响效率吗？

尤其一些传统工厂，动不动就出现工作量太饱和以及人手不够用的问题，于是招了一堆人想尝试用组织手段解决流程问题，因为采取组织手段容易，例如客户投诉工厂的反馈不及时，工厂的第一个念头往往是多请几个客服人员，从来没有想过用流程手段一劳永逸地解决这个问题。

我们作为采购，假如能够帮助供应商把流程理顺，其实很容易把成本降下来。这部分降下来的成本自然也会成为我们的利益。

至于 VA 和 VE，则更是从产品的源头解决问题了。对于许多产品来说，70% 的成本其实在设计的时候就已经被决定，这意味着假如我们想把产品成本降下去的话，只能从研发和设计的角度切入。

VA 和 VE 这两者所做的工作简单来说是对产品的研发和设计进行优化。

Value = Function/Cost（价值 = 功能 / 成本），要么 F 不变 C 往下降，要么 F 小降但 C 大降，要么 F 提升 C 持平，要么 F 大涨但 C 小涨，这四种情况都能够提升最终的价值。

如同之前所说，许多研发人员和设计人员并不懂成本，所以他们有时候会设计出带音乐播放功能的微波炉，或者带蓝牙功能的充电宝，或者原本空调使用三洋压缩机就足够了，他们非要采用成本更加高昂的日立压缩机。

所谓 VA 和 VE，其实就是探讨我们到底能不能做一台"老老实实不吭声"的正经微波炉？我们的充电宝非得增加蓝牙功能不可吗？我们的空调非得用日立压缩机吗？

当然，这种降成本一定得在符合客户需求和市场能够接受，以及保证总价值不变的前提下，否则就不是降成本，而是偷工减料了。

总而言之，既要性能足够高也要成本足够低。实现性能与成本的权衡，这就是采购的商务职能。

说到采购岗位的经营职能，经营什么呢？

经营关系和能力。关系解决的是"愿不愿做"的问题，能力解决的是"能不能做"的问题。

方总是我的创业者朋友。每次她公司的采购员跟供应商提额外要求时，供应商的老板要么摇头说做不到，要么低头说有困难。而一旦方总亲自出马，供应商老板又热情得像是热带水果一般："这点小事您还特意打电话过来。没问题，这个忙我肯定帮。"这种情况我们且不论是好是坏，但这就是"关系"。当采购和供应商的关系经营不到位时，每天都会有数不清的麻烦和困难。

另外，**经营关系**不仅仅针对外部客户，它还包括对内部的关系经营。

理论上成立公司的其中一个目的是减少沟通障碍以降低交易成本。但事实上在管理缺失的企业里，因为沟通障碍或者关系经营得不到位而增加的管理成本也低不到哪里去。

举个例子。公司的设计人员做出来一款产品，但你作为采购人员和供应商沟通了几轮之后，发现产品的成本无论怎么样都降不下来。于是你告诉设计人员："这款设计能不能改一下，否则成本降不下来。"但设计人员一口拒绝了，瞪大了眼睛说："成本跟我有什么关系，那是你的工作，我只负责创造美。"或者你实在找不到供应商生产某一个产品，于是你和销售人员说："能不能让客户换一个产品。"但销售人员却回答道："找产品不是你的工作吗？这个产品对客户很重要，请你务必做到。"

以上这些，其实就是关系经营得不够。在许多公司，采购人员的地位其实并不高。在供应商面前看似地位超然的采购，在许多公司的内部仅仅是一个对外的窗口。公司内部的销售、研发、设计之间的关系不经营得好一点，工作起来就会有很多的掣肘。

但是请注意，这里所说的"关系"不仅仅指人与人之间的关系。坦白讲"刷脸"这种行为，一次两次或许能够行得通，但长期这么干没有人受得了。经营关系更多指解决"愿不愿意"这个问题的行为。譬如设计不愿意为了配合降成本的工作而更改设计，因为成本跟他没关系，那我们将成本考核这个因素做进设计岗位的 KPI 怎么样？产品的性价比越高，设计岗位的绩效就越好，此时他自然愿意配合你。积极性 = 期望 × 价值，经营关系，就是经营期望和价值。

什么又是**经营能力**呢？光有做事的意愿不够，还必须要有做事的能力。经营能力简单来说是"赋能"，赋予某个人做某件事情的能力。

我们经常说培训教育员工，但很少人会说培训教育客户，更少人说培训教育供应商。总觉得做好一件事情是你的责任，你要是做不好，承担相应的责任就好。

但是，让我们回顾曾经在本章提到的问题："一旦供应链出现问题，影响最大的人是谁？"

答案是处于供应链下游的人。譬如你开着一辆保时捷行驶在马路上，被人不小心撞了，即使对方负全责并赔偿所有的损失，难道这件事对你没有任何影响吗？难道你就不心疼了吗？赔钱又有什么用？你又不缺钱。

所谓经营能力其实就是避免由于供应商的能力不足，导致自己被"撞"。以我公司为例，我们有些供应商几年前连什么是 FOB（free on board，离岸价）都不懂，他们公司的外贸流程都是从我们公司一点一滴复制过去的。另外，我们还介入了某些供应商的生产流程，帮助对方压缩货期降低成本，这些都是所谓的"经营能力"，帮助供应商具备某些能力，并最终让我们自己能够因为供应商的这些能力而受益。

实现采购的开发、商务和经营职能简单吗？不简单，这就是为什么我说"买"比"卖"更难。因为在绝大多数场景里面，放在采购面前的选择都是两难的：你要质量，成本会上升；你要价格，性能会变差；你要差异化，复杂度会上升；你要规模化，客户的差异化需求又无法得到满足。从来都是只有权衡，而没有取舍，要的都是在利弊之间取一个平衡点。

因为它的难，导致了许多企业往往只在市场端和销售端发力，而忽略了在供应端的沉淀。最终使自己的企业长时间停滞在某一个"天花板"，怎么样都上不去新台阶。

最后，作为一家重销售轻采购的"头重脚轻"企业，我们要如何从零开始建立科学的采购体系，甚至供应链管理体系呢？

先确保自己已经有了足够的订单，这是大前提。虽说我认为供应链管理将会是许多行业最后的红利，但它始终跟企业不同的发展阶段紧密挂钩。还没到达合适阶段的企业，最关键的工作始终还是"向市场要效率"。成本是一块钱还是两块钱不重要，自己的利润是高还是低不重要，怎么能够将产品卖出去并且卖得更多更好才是最重要的。有了足够的订单，后面的供应链管理工作才有得谈。

要有决心。供应链优化这件事情和减肥是同一个道理，技巧不重要，决心才是关键。但由于大多数需要重视采购与供应链管理的公司本身就有一定的订单，没有生存压力就意识不到"痛"，于是总想着"到时候再说"，结果一拖就是几年。但到那个时候企业往往已经"病入膏肓"。

把"聪明人"的团队拉起来。不要再将采购岗位当成"肥差",不要再招一大堆"皇亲国戚"或者无经验的应届毕业生去独立做采购的工作。如同之前所说,采购岗位需要平衡各种各样的矛盾(例如成本与性能的矛盾),能力不足的人永远干不好采购工作,更别提供应链管理工作了。

总而言之,"所有的竞争,本质上都是供应链的竞争"。当我们实现供应链中信息流、资金流和产品流的优化甚至实现这三者的重塑时,我们的企业竞争力自然就会呈现出来。

第27章

我要如何实现转型升级：制造工厂篇

说起供应链管理或者供应链优化，许多人的第一个认知是："我是不是应该去开一家工厂？"

确实，"自建工厂"这个念头，想必曾经在许多贸易形态的创业者脑海里都浮现过。毕竟这么多年来，自己受够了供应商们的拖沓和不靠谱，受够了夹在中间的微薄利润，受够了客户问"你是工厂吗"时，自己脸上的尴尬与心虚的微笑。于是难免会发出"我要是有一间属于自己的工厂就好了"的感叹。

我从来不建议贸易出身的创业者朝着制造的方向转型。因为这两者的擅长领域，或者说"企业基因"不一样。

企业和个体一样，有各自的擅长与不擅长。贸易公司多数是一种以销售为导向的思维，他们的着眼点在市场、客户和价值；而工厂则多数是一种以生产为导向的思维，他们的着眼点在计划、组织和成本。

举个实际例子。我公司曾经有两个供应商，A公司是工厂，B公司是贸易商，而且A公司是B公司的供应商。但是除非遇到价格压力非常大的项目，否则我们都倾向于跟B公司合作，主要原因是每当遇到什么问题，譬如某个技术指标达不到要求时，B公司总是想着如何帮助我们解决这个问题，而A公司却只想着："哎呀好麻烦，要不我降点价给你，这事就这么算了吧。"

价格是很重要，可不管价格多低我买一堆垃圾回去也没有意义啊。

思维的不同决定行动的差异。从这个角度出发，原本工厂出身的创业者，并不代表招几个懂英语、懂阿里巴巴操作的人就能够做好外贸。销售出身的创业者，当你所有的资源和能力都在市场那一端，真的有办法处理好生产运营的工作吗？想象一下，在开工厂之前自己对着客户谈笑风生，在开工厂后得跪着求工人们赶紧开工，多讽刺啊。

即使你能处理得了生产运营的工作，我认为也没必要，因为自建工厂是一件投资回报率很低的事情。

任何一个合格的企业主，在决策时肯定都会考虑投资回报率的问题。花1元挣10元，跟花9元挣10元，尽管你最终到手都是10元，可那是两个完全不一样的概念。

自建工厂在我看来就是一件花9元挣10元的事情。除了会增加我们的投资总额外，更关键的是极大增加我们的固定费用，同时对企业的盈利点与发展方向提出更高的要求。

当我们花1元挣10元的时候，即使未来有一天由于市场竞争我们最多只能够挣5元了，没问题，这顶多意味着盈利能力的降低；可当我们花9元却最多只能挣5元的时候，庞大的固定成本会压得我们喘不过气来。

另外,许多人自建工厂的诉求不外乎是能够更好地控制供应链,能够更好地控制成本,以提升自己的市场竞争力。

可是,自建工厂真的可以实现这个诉求吗?未必。

供应商经常推迟交货,我自己生产就能改善交货时间?供应商经常出现质量问题,我自己生产就能控制好质量?

这种想法,只能说太天真了。根据"自利性偏差",人们往往会认为自己比他人更优秀:你做得好是运气问题,做不好是能力问题;我做得好是才华出众,做不好是命运使然。总觉得别人做不好的事情,换自己来干结果肯定不一样。

所以我们经常发现,某条街道上的某个餐厅,经常是开一家倒一家,又开一家又倒一家。大家为什么不去分析,上一家倒闭的餐厅到底真是因为菜不好吃或经营不善而倒闭,还是这个地方根本不适合经营餐厅?

供应链管理这么复杂的东西,不会因为你的角色从原来的客户变成老板,就发生实质的变化。

而且,"我是工厂"这件事情,本身不代表着"成本更低"。

表面上制造工厂背后所代表的供应链是"零配件—工厂",而贸易公司背后所代表的供应链是"零配件—工厂—贸易公司",贸易公司的链条更长,理论上成本确实更高。但事实上,即使大家都是制造工厂,控制成本的能力却有高有低。假如我虽然是贸易公司,却向成本控制得更好的那家工厂采购呢?

分享一个生活中的小例子。

在广东省的普宁流沙和江门开平,各有一家味道很棒的肠粉店(两家店都非常小,10张小桌子左右的空间),但除了产品外,这两家店在运营上有着截然不同的区别。

先说开平店,它的订单流程是:所有人都需要在制作肠粉的地方排队。轮到你时,你自己跟厨师说想吃什么,然后扫描二维码付款。等待厨师完成肠粉的制作后,自己端着盘子找位置坐。

流沙店的订单流程则是:所有人到店时,都第一时间到制作肠粉的地方跟厨师说自己想吃什么,然后找地方坐。肠粉制作完成后,会有人给你送过来。你吃完再去厨师那儿付款。

请大家思考如下问题:假如单位材料成本、单位人工成本、店铺租金等所有的成本都一样。请问这两家店,谁的总成本更高?谁的总销量可能更高?谁又更加具备开分店的可能性?

正确的答案是:江门开平店的总成本更低,总销量更高,更具备开分店的可能性。

为什么?答案很简单,因为普宁流沙店的流程复杂度太高了。所有人到店后都会第一时间找厨师下单,这种情况对于厨师的记忆力提出巨大的挑战(这份单是什么?这份单给谁?这份单应收多少钱?)。根据实际体验,下单时厨师往往会忙到仅仅抬头看你一眼,然后就没有后续了。你甚至不知道自己到底下单成功了没有,不知道厨师有没有记错自己要的是什么。甚至有时会在你等待老半天后,出现一个店员问你点的是什么。但是对于江门开平店而言,由于大家都在厨师那儿排队,轮到自己的时候才下单,因此并不会有上述的问题。

江门开平店是下单的时候付款,但普宁流沙店却是顾客吃完之后才付款。这两个流程最大的区别是:

第一,江门开平店的厨师在接到订单的那一刻,同时把报价和收款都给处理了。但普宁流沙店的厨师却需要处理两次流程，譬如：

（江门开平店）

顾客："老板我要一份叉烧肠。"

老板："好的，6块钱。"

（普宁流沙店）

顾客："老板我要一份叉烧肠。"

老板："好的。"

顾客吃完肠粉后。

顾客："老板买单。"

老板："你刚刚吃了什么？"

顾客："一份叉烧肠。"

老板："好的，6块钱。"

哪个流程的效率更高？哪个流程的信息更加复杂？答案不言而喻。

第二，消费完再付款，难免会出现"忘记付款"甚至"恶意逃单"的情况。所以普宁流沙店老板的儿子，每天从小学回来就得跑到店里帮忙，看有没有人不小心忘记付款。这意味着不得不通过增加人手的方式为流程"打补丁"，而增加人手往往意味着增加成本，又进一步带来更多管理上的复杂度。

像开平江门店，3个员工基本就足够打理一家店，而普宁流沙店，我那天特意数了一下，包括店主儿子在内，足足有6个伙计。

第三，两家店的人流都很大，每次去基本都需要排队。江门开平店的顾客长龙排在下单之前，这种做法除了带来"营销"层面的效果之外（"你看这家店那么多人排队，味道一定很不错"），更重要的是在源头卡住了流量的进入速度。基本上每当有一个顾客端着肠粉盘子走进餐厅，都会刚好有另外一个顾客吃完准备离开，既提升了客户体验，又提高了餐桌的周转效率。每时每刻的每一张餐桌都是满的，与此同时每一个坐在餐桌上的人又都是在用餐的，并不会造成餐桌资源的浪费。

但普宁流沙店不一样，他并没有在源头进行流量输入的控制，这势必会带来"霸位"的现象。不管是点了单的人无聊地坐在椅子上等候，还是一来就赶紧占个座儿再让同伴去下单，经常出现"有肠粉的没座位，有座位的没肠粉"的情况。这些都会带来餐桌周转效率的下降，甚至出现有些人因为实在找不到位置，于是干脆走人的结局。

从这个角度出发，同样是10张桌子，在同样的时间之内，普宁流沙店只周转了一次，但江门开平店却有可能足足周转了三次。后者的销售量自然更高了。

综合上述，即使单位材料成本、单位人工成本、店铺租金等所有的成本都一样，江门开平店肯定总成本更低，总销量更高，也更具备开分店的可能性。普宁流沙店一份肠粉售价9元，但江门开平店一份肠粉售价6元就足够，尽管如此，它每天赚的钱可能比前者更多。

根据这个例子请大家思考一下：假如一家只有几个人的肠粉小店都有可能因为复杂度而带来成本的不同，凭什么我们认为"大家都是工厂，价格肯定差不多"以及"我是工厂你是贸易公司，我的价格肯定比你好"呢？

假如某家贸易公司是跟"江门开平店"采购的，它报给客户的价格，未必会比"普宁流沙店"的价格更高。

所以，成本的核算并不真的只有"原材料成本+加工成本"这么简单粗暴。即使是相同地区、相同规模、相同上游的两家工厂，最终的产品价格也可能是天与地的区别。原因在于"复杂度"的不同带来管理成本的不同，进一步影响盈亏平衡点的不同，最终导致产品价格的不同（譬如 A 公司可能 15% 毛利率就足够，但 B 公司却必须达到 20% 的毛利率）。

综合上述，成本高低的关键其实并不在于我是贸易公司还是工厂，而是在于我对于成本的控制能力到底有多高。尤其许多工厂的成本控制能力本来就有严重的不足，根本谈不上"工厂的成本一定更低"。

分享一个实际案例。

我们给某个工厂下了 5 万美元的订单，合同约定产品必须通过"无邻苯测试"，否则工厂必须承担所有的损失。对此工厂一口答应。由于这项标准实在太重要，我们不会将所有希望放在工厂的承诺上，因此产前样我们做了测试，生产中和生产后我们也做了抽检，确保没有任何问题才安排出货。

然后匪夷所思的事情发生了。在出货一段时间后我们接到终端卖场的通知，说经过第三方检测机构抽检，我们在卖场上的货物被抽检出含有邻苯二甲酸二丁酯，必须全部下架。货物成本和由此产生的费用全部由我们在当地的合作伙伴承担，与此同时合作伙伴还可能面临罚款和行政诉讼，直接损失超过 8 万美元，间接损失（品牌影响，终端取消后续订单）不计其数。

听到这个消息时，我们的第一反应是"不可能"，都做了那么多测试，怎么还会出现这种情况？会不会终端在玩什么花招？或者当地的抽检出现问题，或者双方的标准不一样？

但冷静下来之后我们迅速排除了当地抽检出现问题的可能性。无邻苯测试是一项非常简单的测试，有就有，没有就没有，不可能出错。这意味着我们的产品确实出现问题了，而且不可能是整批，只会是部分出现问题，否则我们当时的抽检绝对不可能检查不出来。

我们一边让当地的合作伙伴安排重测，一边开会研究问题到底出在什么地方。12个小时之后，我们终于发现了问题所在。

假设我们下给工厂的订单是100件货物，但工厂采购回来的物料却只够做80件货物，生产到一半时生产人员发现物料不足，于是通知采购人员补料。由于生产计划紧张，或者因为采购人员偷懒，又或者因为工厂盲目地相信上游供应商，QC（质量控制人员）并没有对新补的这一批物料做检测。结果刚好这批物料就是不合格的，而且运气非常不好的是，这批由不合格物料生产出来的货物，在成品抽检环节中并没有被抽到，但恰好又在终端卖场的检验中被抽到了。

对于这样的情况，工厂自然欲哭无泪，因为它并没有和上游供应商签署任何协议。对于原材料不合格这种事情，上游供应商也拒不承认，最终所有的损失自然只能由工厂自己承担。

可以设想一下，所有的这些损失，难道不是由于工厂在日常管理当中，对"看不见的成本"疏于把控吗？

在我接触了大大小小数百家供应商之后，我基本得出一个结论：对于许多工厂来说，由于供应链管理能力的缺失，在采购与供应管理、生产与运营管理以及产品与物流管理上还有非常大的降本提速空间。我们其实没有必要尝试成为制造工厂，我们只需要找到这些空间，就已经获得足够喜人的利益。

我们可以有如下四个选择。

1. 在寻源层面做文章。

花大力气寻找那些本身在采购和供应链管理上做得比较出色的工厂，并形成长期战略合作关系（请不要再因为某个工厂老板好说话，或者你和他的私人关系好就选择对方了。态度和能力是两回事，假如对方没有竞争力的话，态度再好、关系再棒也没用），在这种情况下，你的价格至少不会和其他工厂有太大的差距。这是最基础的选择。

2. 教育和赋能供应商。

采购降成本有三个层面：谈判降本、流程降本以及 VA/VE。

目前绝大多数公司都仅仅处于谈判降本的层面，但这种方法能够实现的成果非常有限。想象一下许多工厂的毛利率本来就只有 15%～25%，净利润也不过 5%～10%，能指望它让多少利益给我们？纯粹的零和游戏最终要么逼跑供应商，要么供应商背着我们玩偷工减料的把戏，不管哪种情况我们都接受不了。

所以谈判归谈判，假如想真正实现足够大的成果，我们至少需要在流程降本上做文章。但流程的优化靠喊"你必须进行流程优化啦"是没有意义的，因为绝大多数工厂根本不具备优化流程的能力，"每天的订单都忙不过来呢，哪有时间整这玩意儿"，所以只能靠我们自己。

你可能会有疑问："供应商降本提速了跟我有什么关系，我把力气花在客户身上不是更好吗？"

假如你这么想的话就错了。每当原材料成本下降、出口退税涨了你都会去找供应商要折扣，现在因为流程优化供应商的成本降下去了，而且这个工作还是你帮他做的，省下来的成本难道它会不让给你吗？根据经验，流程优化能够降下去的成本大概是谈判可以降下去成本的两倍，更重要的是流程降本并不是零和游戏，只不过是将浪费掉的钱捡起来而已，并不会伤害你或者供应商的利益。

那么应该怎样实现对供应商的教育赋能，帮助它们实现流程优化呢？

简单来说你要像一个咨询师那样，去发现问题、找出原因、提出方案和解决问题。与此同时用订单倒逼着它们改变（这点很重要，订单本来就是采购的势能，没有订单光在那儿瞎比画也没用）。

举个例子。我们某个供应商的成本一直降不下来。于是我说："咱们来详细沟通一下你的产品到底是怎么生产出来的。"一聊我们发现问题了。供应商有两家工厂，A 工厂在广州，B 工厂在台湾，过往供应商的做法是在广州生产一部分型号，将其发货到台湾工厂之后贴上标签，然后和在台湾工厂生产的型号一起发货到目的地。

我说："这个流程有问题。"不管是广州到台湾的物流费，还是台湾工厂的加工费，以及从台湾工厂再发货出去的操作费，这些都是额外的成本，为什么不考虑直接从广州发货呢？我们又不是非得从台湾发货不可。而且那些只在台湾工厂生产的型号，我们完全可以评估一下是否将其更换成在广州工厂生产的型号。对方一听恍然大悟，之前因为我们要求的某些型号只在台湾工厂生产，于是对方陷入思维困局，觉得所有的产品都得在台湾工厂过一手不可。现在经过流程调整，情况简单多了，双方的成本压力都降了下去，自然是"双赢"的结局。

综合上述我们可以发现：教育和赋能供应商跟我们培训员工差不多。正如我们没办法确保每一个入职的员工都是精英，我们也没办法确保每一个供应商在被我们选择之前就已经在方方面面都做到极致。在这种情况下，我们肯定需要付出时间和精力去提升它们，才能够最终使我们自己获益。

3. 次级供应商的管理。

次级供应商，简单来说是供应商的供应商。在传统的商业链条里，我们基本没办法接触到次级供应商，正如我们不可能跟麦当劳店员说："你家的可乐太贵了，麻烦你把可乐公司的经理喊出来，我直接跟他买可乐。"尤其在资源有限的情况下,我们往往只能够管理一级供应商,而将管理次级供应商的职责更多地放给一级供应商。

譬如在LED照明的领域里,灯具一般由壳体、光源、电源和透镜组成。作为客户,我们往往并不具备单独从每一个厂家购买零部件再自行组装为成品的能力。于是我们会指定一个供应商,然后说:"这单生意交给你了,你负责将其他零部件采购齐并组装为成品,然后再卖给我吧。"此时这个供应商就称为一级供应商,而其他的零部件供应商则称为次级供应商。

过往这种情况是可以被接受的,因为我们可以将更多的时间和精力释放出来并投放到市场端,尤其是竞争尚且没有那么激烈,行业利润尚且较高时。但随着竞争的加剧,这种做法开始暴露出两个最大的问题。

一是如同之前所说,大多数工厂并不具备采购与供应商管理的能力。再加上普遍存在的采购贪腐现状,导致假如我们仅仅进行一级供应商的管理,并不能实现成本和效率的最佳结合。一旦有什么问题发生,我们所受到的影响往往最大,也往往最无能为力。举个例子,大家肯定遇到过供应商拖延货期的情况,在许多时候货期拖延的源头其实并不在一级供应商身上(但事实上也是因为一级供应商对次级供应商的管理不到位),而是要么缺零件,要么缺纸箱,要么缺拖车等,但此时作为客户,你除了催还能做什么呢?整个事件完全不在你的掌控之内,甚至都不在一级供应商的掌控之内。

二是许多贸易公司假装自己是工厂,害怕客户接触到自己的供应商。原因在于客户有缩短渠道的诉求,就跟我们买房、卖房的时候想要甩开房产中介是一样的道理。在当前的B2B商业环境中,作为贸易公司,我们的一级供应商往往是成品供应商,一旦客户接触了它们,想要甩开我们自然是一件很简单的事情。可要是我们管理的并不只有一级供应商,还包含了半成品、零部件甚至原材料供应商的话（譬如 LED 路灯里面的电源和光源都是我们的资源，甚至光源里面的芯片都是我们的资源），此时客户能够甩开我们的概率有多高？或者工厂抛开我们直接跟客户合作的概率又有多高？

这意味着，我们必须介入次级供应商的管理，甚至最好次级供应商本来就是我们的资源。至于成品组装工厂，干它们最擅长的组装就足够。

以我公司为例，我们有家供应商是技术导向型的工厂，除了技术外其余的工作堪称乱七八糟，而且由于受到次级供应商的钳制，货期长期处于不稳定的状态。终于有一天我们看不下去了，说："反正我们这么熟了，你把次级供应商介绍给我们吧，以后重要事务的谈判和流程的梳理都交给我们处理，肯定比你们自己处理好得多。"对方一听大喜，毕竟他们本来就不擅长供应链管理的工作。

经过这么多年的思考和实践，我认为对于许多贸易公司来说，最直接的出路应该落在次级供应商的管理上。这是我们公司开始将触手伸到半成品与原材料领域的原因，这种做法除了能够帮助我们实现供应链的降本提速之外，还能带来额外一些重大的好处。

想象一下，假如我是一家贸易公司，产品分别有 A、B、C 三类，且它们都由原材料 X 制成。在传统的商业模式下，我的供应商会各自去采购原材料 X 进行生产，但对于占据市场大多数的千万级及以下的企业来说，这种分散采购问题很多，除了没办法实现规模效应以实现成本最小化外，不同企业的供应商管理水平不一，来料检验水平不一，总会导致各种各样的问题发生。

但假如现在原材料 X 的资源掌握在我的手中并实现统一采购管理的话（如图 27-1 所示），不一定非得我直接和 X 购买，由我进行管理然后由 X 分别和几家工厂成交也可以。

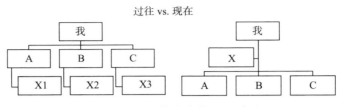

图 27-1 次级供应商管理区别图

此时自然能够实现如下三个好处。

（1）规模效应能够带来的总成本最低。

（2）能确保原材料符合终端技术标准。

（3）能确保自己在供应链的独特价值。

4. 供应链的最优配置。

作为一家贸易公司，假如你接到某个客户 10 000 套路灯订单，此时你会怎么做？我相信绝大多数企业的做法是找到一家路灯生产厂家，然后下单给它。

但实际上这不是价值和效率最高的做法。我公司的做法是：从宁波采购壳体，从无锡采购透镜，从深圳采购光源，从台湾采购电源，最后在人力成本最低的地方（甚至这个地方可以在海外），选择一家合适的组装工厂，将其组装成为成品。这种做法事实上就是所谓的"利丰模式"，是次级供应商管理到达一定阶段后的必然成果，也是在当前白热化竞争下贸易公司必须要走的一条路。

还是回到我们之前所说的那一句话：所有的竞争，本质上都是供应链的竞争。

既然能够称为"链"，它就绝对不会像过往那样仅仅是单个供应商的"点"。甚至在不久的将来，这条链还会延伸到中国之外的地方。

举个例子，我们曾经做过某产品的市场调查，其在中国生产的成本已经基本上和在美国生产的成本持平。但假如我们将这个产品放在亚洲的其他国家/地区生产，其到港价却可能比它在中国生产时要低30%（当然，2021年这种天价海运费现象属于特殊情况）。在这种情况之下，即使我们只是一家普普通通的贸易公司，在加上合理的利润后，我们报给海外客户的价格依然比中国工厂的价格更低。

所以，真正的"新贸易公司"绝对不会是传统认知中的"倒爷"和"搬运工"这种靠信息不对称挣钱的企业，它承载的应该是全球供应链的组织者甚至设计者的职能，用最小的成本、最快的速度和最低的风险把能够最大化满足市场和客户需求的方案落地成为现实产品。假如我们能够做到这一点，至少可以保证自己在未来的10年之内，不会被历史的浪潮淘汰。

这条路难吗？当然难，但总比"死亡"简单一些吧？不要因为战术层面的困难，我们就否定战略层面的必要，要做正确的事情，而不是容易的事情。而且，正是因为它的难，让有能力做到这件事的企业可以建立起足够高的护城河。

最后，作为本文"最佳配角"的工厂，又应该怎么办呢？

根据知名的"微笑曲线"（见图27-2），生产本来就是附加价值最低，竞争形态最初级的方式。

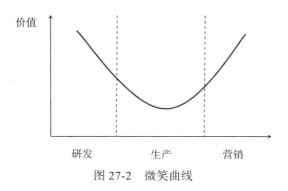

图27-2 微笑曲线

要实现价值的提升，不外乎是"向左"研发出一个好产品，或者"向右"让这个产品能够卖得更高价，以及深挖中间的生产，让这个产品能够以更低的成本、更快的速度进行交付（也就是专注生产与运营管理，实现供应链的降本提速）。

对此我的个人建议是：要么选择研发，要么选择供应链，但最好不要选择营销。原因在于大多数生产导向型的企业，并不具备做好营销的基因（正如大多数销售导向型的企业很难做好生产一样）。而且营销并不是大家理解中的"开通阿里巴巴""参加展会""投放广告"诸如此类，它涉及的是一整套从市场出发并实现客户需求和解决方案之间连接的体系，并不是埋头在实验室或生产线的人能够理解的。

对于生产型企业来说，核心竞争力往往并不在营销上。

根据菲利普·科特勒的阐述，所谓核心竞争力指：

我的工作是否能够让客户感知到具体的价值？
我的优势是不是竞争对手难以模仿和抄袭的？
我的能力和资源是否能够复制到其他的领域？

当我们在某一个自己擅长的领域深挖下去，直到竞争对手没有办法模仿和抄袭，或者即使能够模仿也没办法实现与我们同等的价值或成本，这个其实已经是我们的核心竞争力，即使它只是最基础的竞争形态。

做自己最擅长的事情，而不盲目听从别人的"你应该做什么事情"。

第28章

我要如何实现转型升级：跨境电商篇

假如说在过往的 5 ~ 10 年里，绝大多数国际贸易企业主的脑海里出现次数最多的问题是：我到底要不要自建工厂？那么出现次数第二多的问题肯定是：我到底要不要做跨境电商？

过往几十年，国际贸易经历过三个较大的红利期。

1. 以广交会为代表的线下展会。

原本中国卖家和海外买家的沟通非常不顺畅，要么通过国家部门牵头，要么通过商会介绍，"信息"的成本非常高。线下展会的出现，改变了信息流动的方式和成本，把供给和需求以一种更加高效的方式连接起来，推动了国际贸易的蓬勃发展。

2. 以阿里巴巴国际站为代表的 B2B 网络平台。

B2B 网络平台，更是通过互联网的力量将信息流动的成本和速度推动到极致。原本企业付出数万元成本只能参加几天的线下展会，现在企业以同样的价格可以在网络上得到一整年的流量，极大压缩了信息流动的成本。

3. B2C 跨境电商网络零售。

B2C 跨境电商网络零售更是在延续网络信息流动的优势之余，改变了"资金"的流动（线下支付变为线上支付，从支付给个体变成支付给平台）以及"产品"的流动（原本产品需要经过进口商、经销商和零售商才最终到达用户手里，现在这些中间的环节全部都被砍掉了），极大压缩了供应链总成本以及极大提升了产品交付的速度。

几乎可以说，但凡一开始抓住这些红利期的企业都赚大钱了，跨境电商网络零售（为了符合大多数人的认知，下文还是简称为"跨境电商"，但事实上跨境电商包含 B2B 跨境电商以及 B2C 跨境电商）也不例外。

确实，随着传统渠道的竞争加剧，跨境电商依靠着对供应链的重新设计获得巨大的红利，淘汰许多只能依靠信息不对称挣钱且没有多少竞争力的传统外贸企业，给跨境电商行业带来蓬勃发展的契机，让众多做传统外贸 B2B 的企业后悔莫及，觉得不及早转型简直是亏惨了。

假如六七年前有人告诉你"不要做跨境电商"，那确实是在拦着不让你赚钱。但是今天，对于那些之前从来没有接触过跨境电商，然后纯粹因为觉得传统生意不好做，或者听到太多做跨境电商能够赚大钱的案例，就想着将自家企业转型升级为跨境电商公司的人，我只想问一个问题："做好亏损几辆保时捷的准备了吗？"

原因很简单：

第一，B2B 传统外贸跟 B2C 跨境电商对经营者所具备的"企业基因"要求截然不同。

第二，跨境电商行业的粗暴生长期已经过去，没有充分准备的初入者几乎没有任何机会。

先说第一点。

对于做 B2C 跨境电商的企业来说,"运营"和"供应链"是关键词,企业的领头羊多数是"80 后""90 后",一个字形容就是"快";对做 B2B 传统外贸的企业来说,"销售""产品"和"专业"是关键词,企业的领头羊多数是"70 后""80 后",甚至还有"60 后",一个字形容就是"稳"。

属性的不同决定了假如 B 和 C 之间想要相互转型,很容易出现问题。

因为价值观决定了你会看不懂许多事情。

"一个客户居然要跟一年才能下单?什么情况?"C 出身的老板说。

"我们为什么非得匆忙上线产品?我觉得太赶。"B 出身的老板说。

"去展会?都什么年代了?社媒广告走起。"C 出身的老板说。

"单品数量才 100 个?这点数量工厂都不接单吧?"B 出身的老板说。

这种理念层面的冲突会导致 B 和 C 之间的相互转换非常困难,这是我不去做 B2C 跨境电商的原因。因为在我的基因里就从来没有"跨境电商"这个词语,盲目去跟风,只会是烧钱(当然,也有可能是 1982 年出生的我,已经太"老"了)。

至于第二点。

我之前经常说一句话:发展可以掩盖所有的问题。在跨境电商身处简单粗暴生长期时,由于整个行业的高速发展,即使有问题存在也如同高水位浪潮下的礁石,既看不见也无须留意,因为它们不会对你的航行造成什么影响。可一旦行业进入稳定期,等同于水位下降并渐渐地将礁石显露出来,假如我们还像过往那样无视它们的话,肯定会被撞得"头破血流"。

是的,在高速发展的表象下,跨境电商行业(尤其是铺货型电商)隐藏着如下几个致命的缺陷:

SKU（最小库存单位）太多导致产品的复杂度变高。

产品复杂度一高，组织复杂度也会随之变高。

产品和组织的复杂让跨境电商卖家的资产变得极重。

举一个简单例子帮助大家理解这三个缺陷：

在我家附近有一家叫"X鸡"的小餐馆，一开始时餐厅里面的菜式只有三种：1/4鸡、半鸡和全鸡。

尽管这家餐馆的生意一般，但对于像我这种对鸡肉没有什么抵抗力的人来说，我觉得产品味道还是蛮不错的，每次路过这家餐厅都会至少点一份餐品带走。

可是最近一次去的时候，在看到对方的新菜单里增加了"扒类""卤味""汤粉""小吃"和"水果捞"等品类，而且每个品类下方密密麻麻地至少陈列了七八种菜式时，我心里"咯噔"一下："完了，说不定不久后我就见不到这家餐厅了。"

为什么？

在生意不太好的时候，许多人期望通过增加产品扩大营业额。他们想法很简单，觉得"来到我店铺的客人，假如你不想吃鸡的话我还有其他菜式可以满足你"。

但这种想法往往有偏差，当你卖1款产品能挣1000元时，并不代表你卖10款产品就能挣10 000元，甚至有可能还要倒亏1000元。

原因很简单：

第一，根据电商黄金公式：销售＝流量 × 转化 × 单价，增加产品品类其实是在"转化"上做文章，但问题是"X鸡"这家餐馆缺转化吗？不缺，每一个来餐厅的人基本都会下单，因为它的定位太精准了（就是喜欢吃鸡的人），它真正缺的其实是更大的流量。

第二，"X 鸡"的流量特殊性决定了来店的客人很难下单其他的菜品。不管是店面招牌还是招牌菜，都决定了来这家店用餐的客人目标都很明确（就是买鸡），菜品太多、太杂反而会给人一种不专业的感觉（例如我几年前遇到过一家招牌上写着"云南米线＋咖啡"的餐馆，看到名字我就不想走进去了）。就好比我过往几年都在卖户外照明灯具，今天我突然告诉客户我还卖轮胎，你觉得客户会相信我吗？他们甚至还会怀疑我会不会由于不务正业，最终连户外照明都做不好。

第三，菜单上有的产品是不是都得备原材料库存？原本餐厅只需要备鸡肉库存就可以，现在还得准备鸭、鹅、牛、猪、米饭、米粉、水果等。库存一多，对于销售预测的要求就变。一旦卖得不好造成滞留库存，还会影响食材的新鲜度。新鲜度一差又会影响客人的用餐体验。用餐体验变差又会影响复购。结果就进入了一个死循环（这是由产品的复杂度带来的）。更要命的是，原本"X 鸡"只做鸡肉产品时，单一品类的采购相对集中，既可以拿到更好的进货价格，说不定鸡档老板还可以每天送货上门。但现在采购额被分摊到各个不同种类的食材中，鸡的采购规模就变小了。鸡档老板说不定要给涨价，而且再也没有送货上门这回事，既影响成本又影响效率。

第四，原本只做鸡肉产品的时候，"X 鸡"可能只需要一个厨师，但现在菜品多了后，可能做鸡要一个厨师，做卤味要一个厨师，做甜品又要一个厨师。连服务员需要学习和记忆的东西都比以前多了许多，这又提高了组织的复杂度。

第五，在营收没有大幅度上升的情况下（因为大家始终只是来吃鸡的而已），产品多人员也多的最直接后果就是成本的直线上升，以及人均产出比的下降和投资回报率的下降。最终发现原本每个月还能挣一点钱的，在增加产品之后反倒要亏钱。

请大家思考一下，这种情况和当前许多跨境电商卖家是不是挺像的？为了冲业绩，企业拼命招人、拼命扩充产品，最终发现公司的营业额确实提高了，但利润却几乎没有变化，经营压力反倒一下子加重了许多。明明是一家非生产型的网络科技公司，硬生生地将自己变得比许多制造型工厂还要庞大。

许多跨境电商卖家之所以今天还能够挣钱，不外乎因为当前的外部流量依然足够大，还能够尽可能掩盖一些问题。否则，以这个行业普遍存在的复杂程度，许多公司早被拖垮了。而且万一哪天这个外部流量减少甚至没有了那该怎么办（例如2021年的美国亚马逊封店事件）？

企业的资源总是有限的，当前较为普遍的跨境电商模式决定了企业必须不断地将资源投放在前端，而不得不放松对后端的掌控。所以直到今天，依然有跨境电商卖家通过1688（阿里巴巴采购批发网）在线下大货订单，觉得这样的工作效率最高，迷信可以通过网络解决大多数B2B的业务问题（跨境电商卖家和制造工厂之间本来就是B2B的业务关系），很少见面沟通，很少进行工厂实地考察和评估，系统的供应商管理更是几乎为零，双方之间的沟通渠道仅限于微信和电话。一旦有问题发生，不管是质量问题、货期问题还是成本问题，几乎一出问题就注定是死局。而且由于前期供应商评估和管理不到位，这样的问题只会频频发生。

在曾经的跨境电商卖家生长期，这种情况当然无所谓。但自从2015年之后，跨境电商的红利期已经逐渐消失（增幅直接腰斩），毛利率一降再降，30%的有之，15%的也有之（这种毛利率基本上已经和B2B企业处于同一个水平了)。不可否认,许多跨境电商卖家已经进入了"增长陷阱"。

什么是增长陷阱呢? 在企业的经营当中,会有如下四种形态(见图 28-1):

高增长,高成本。
高增长,低成本。
低增长,低成本。
低增长,高成本。

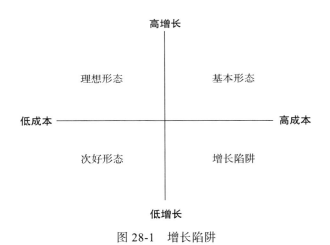

图 28-1 增长陷阱

对于大多数能够存活下来(已经迈过创业期)的企业来说,基本都会是"高增长,高成本"的形态。因为这个阶段的企业大多还是"向市场要效率",通过订单和发展去掩盖企业自身存在的问题,缺乏精细化管理,投入的资源没有得到充分且高效率的释放,增长基本上全靠投入驱动。譬如去年投入 100 万元在生产设备上,今年投入 200 万元在技术研发上,尽管增长惊人,但投入同样惊人。

这种情况会带来一个很大的风险: 假如外部市场环境发生变化,或者某个市场已经趋近饱和,这个时候企业该怎么办? 像 2020 年新冠肺炎疫情刚刚发生的时候，全球经济遭遇断崖式下跌，大客户们纷纷取消订单。但不管人员还是机器都不是马上能调整的，此时企业很有可能进入"低增长，高成本"的区间。

此时，企业就进入了"增长陷阱"，即随着企业规模的扩大与市场的饱和，营收的边际效益逐渐降低，成本的增长超过了营收的增长，利润率持续下降。尽管它依然有盈利和增长，但却陷入了一种危险的境地（还有另外一种理解，即增长并非依靠企业内部能力的自然驱动，而是单纯依靠市场外部能力的拉动以及不断进行资源投入的推动，"有增长无成长"）。

很多跨境电商卖家事实上已经进入"低增长，高成本"的增长陷阱了，假如上述所说的几个问题得不到解决，跨境电商卖家会始终被卡在瓶颈上。这就是越来越多的跨境电商公司朝着精品化和供应链管理方向发展的原因。

基于上述，跨境电商行业早已经进入需要精细化经营的阶段，不再像刚开始时，我们甚至连团队都不需要，随便上线一个好产品就能挣钱。

所以做传统外贸的朋友其实不用焦虑，不用觉得不做跨境电商就追赶不上这个时代，就要被历史淘汰掉。基于自身"基因"的差异，做B2B传统外贸的公司很难转型做B2C跨境电商（正如同阿里巴巴和腾讯互相做不了对方最擅长的领域）。而且事实上现在再来考虑入局不觉得已经太晚了吗？为什么不考虑将B2B和B2C结合起来，实现双方的优劣势互补呢？

直至今日依然有许多传统外贸企业在认知上觉得只有海外的买家才是它们的客户，说起行业内的跨境电商公司，要么觉得它们是自己或者客户的竞争对手，要么觉得"一件代发""海外库存""售后结算"等条件太苛刻，哪里比得上整柜发货舒服。事实上这也是许多跨境电商卖家不得不在1688上寻找大货供应商的原因之一，因为那些有规模、有实力、有适销海外市场产品的企业，不敢或者不想跟它们合作。

在跨境电商野蛮生长的年代，铺货型电商占据了绝大多数。这种类型的卖家推崇 SKU（最小库存单位）越多越好，与此同时为了降低自身企业的经营风险，跨境电商卖家们倾向于自己只负责运营信息流和资金流，将产品流完全交给供应商，这种情况对于供应商来说自然谈不上友好。

随着时代的发展，这种犹如无根之萍的打法越来越困难，毕竟你能铺货我也能铺货，你有价格我的成本也不错。另外，过往跨境电商卖家们的焦虑在于哪里还有新奇特的商品可以让自己第一时间上架到平台，然后趁着竞争对手还没有反应过来赶紧先挣一波快钱，但现在哪里还有那么多新奇特的产品等着铺货？

于是，跨境电商卖家想在白热化的竞争当中突围而出，就不得不转型，例如精品型电商，在某几个品类当中深耕细作（想象一下当年的淘宝个人店和当前的天猫品牌店，不管国内市场还是海外市场，电商的发展趋势其实都一样）。在这种情况下，跨境电商卖家势必要将原本成千上万的产品型号缩减到某一个较小但自己却最擅长的范围，并且通过大规模采购以及和供应商的深度合作降低供应链总成本，甚至和优质供应商共同研发适销的新产品，以进一步增强自己的核心竞争力。试想一下，在这种情况下，跨境电商卖家是不是和我们当前的 B2B 海外客户已经没有什么本质上的区别了？只不过一个的销售渠道在线下，另一个的销售渠道在线上而已。

所以，别再觉得跨境电商企业不是我们的目标客户，非要找海外的公司才行。而且在某些比较特殊的行业，要是海外的公司不与时俱进，它们的市场份额早晚慢慢地被跨境电商或者本地电商蚕食。

一旦传统外贸企业和跨境电商卖家开始较为深度的合作，就可以带来如下几个好处。

首先，传统外贸企业可以向跨境电商卖家学习市场运营和用户运营的思维，跨境电商卖家可以向传统外贸企业学习如何进行供应链管理，如何省钱。

传统外贸企业的优势是什么？低成本运作。由于国际贸易的前两个红利早已经过去，为了获取竞争力，为了能够活下去，传统外贸企业在成本控制上已经做到产品成本层面的极致。虽然单纯只是产品层面的极致，而并非供应链总成本层面的极致，但已经值得跨境电商卖家学习了。

它们的劣势是什么呢？被海外买家长期隔离而带来的市场触觉缺失。过往几十年，传统外贸企业接触到的都是进口商、批发商、品牌商、经销商和零售商，很少有机会接触到真正应用产品的终端，基于启发性偏差和自利性偏差，它们能够拿到的信息很少是第一手的（就算现在有企业到海外看市场，又有多少企业真正懂得如何看终端？不过是走马观花而已），又或者说这些信息总是被过滤一遍，而且更有利于海外买家。海外买家说用户喜欢什么它们就只能相信什么，海外买家说"市场竞争太激烈啦"，它们往往只能够无奈地选择相信，然后给海外买家降价。

这两点刚好能够跟跨境电商卖家形成互补，因为许多跨境电商卖家的优势恰好是前端市场和用户的运营触觉，劣势正好是供应链管理能力的缺失。

如同之前所说，直到今天依然有许多跨境电商卖家在1688上寻找大货供应商，但1688上的企业大多数都是内贸导向型的，它们对于国外市场一无所知，对于产品需要什么标准或者行业有什么要求，都是两眼一抹黑。这意味着它们大概率只能提供产品层面的能力，而不具备提供海外市场解决方案的能力。

在进行小批量采购时，或者产品品类主要集中在快速消费品领域时，又或者跨境电商卖家自身对于市场、产品和行业的理解已经到达一定程度，本身是一个"内在价值采购者"时，这当然不是一个问题，可随着未来跨境电商的适销品类越来越多，随着跨境电商卖家一步一步地朝着精品迈进，假如供应商还像过往一样只能提供产品的话肯定不够。跨境电商卖家势必需要来自供应链的支持，不管是产品标准、市场动态，还是行业变化等，这些远远不是从未踏足海外市场的内贸型或者生产型企业能够承载的。

其次，不缺订单的未必是优质供应商，但优质供应商必定不缺订单，正如一位女神从来不会缺少追求者一样。想象一下，哪个工厂不渴望大批量订单？哪个工厂不优先将资源投放到大客户身上？毕竟工厂自己又不做零售，假如平时的大批量订单都已经忙不过来了，谁会乐意三件、五件地做批发，甚至一件代发呢？MOQ（最小订单量）本来就是衡量一家B2B企业订单饱和度的重要标志。

从这个角度出发，假如我们将1688上的企业用作技术开发的供应商或者测试市场的供应商，那绝对是非常合适的选择（简单、快捷、MOQ低），但假如要将其作为海外市场大批量订单的供应商，我们需要先打一个问号。至少在完成完整的供应商评估之前，我们根本没办法确认对方是否有足够的企业能力，既能解决我们的问题，又能帮助我们承担风险。

单纯因为"简单"和"快捷"选择它们，不符合"做正确的事情，而非容易的事情"的原则。

假如选择供应商尚且如此，管理供应商就更不用说了，对于跨境电商卖家来说，供应链管理能力上的缺失几乎可以称得上是扼住喉咙的巨手。

最后，除了运营和供应链的互补外，我认为传统外贸企业和跨境电商卖家的深度合作，还能带来一些意识形态方面的改变。

传统外贸企业的掌舵人以"70后""80后"为主，思维和价值观上多数比较传统，说好听点叫"稳重"，但与此同时会带来"不开放"的弊病。

他们对于新鲜事物的接受能力较弱，容易抱着固有的模式在舒适区里过一辈子，直到开水烫到身上才不得不去寻求改变。

跨境电商卖家的决策人以"80后""90后"为主，跟传统外贸企业相比他们勇于变化和尝试，思维上也非常活跃，但与此同时容易出现"浮躁、赌徒心理"以及缺少沉淀等情况。什么是缺少沉淀？简单来说由于过快的发展速度导致几乎所有的成果都来自外部的红利，而忽视了向内部要效率、向管理要效率，从而没有筑起足够高的竞争力护城河。

举个实际例子。我曾经遇到过一家年营业额10亿元的跨境电商卖家，按道理这种规模的企业应该已经拥有非常明确的战略路线，接下来要做的工作不外乎沿着既定的战略路线前行就可以了。但对方并没有，因此卖家很焦虑，不知道今天的这个成绩还能够维持多久，不知道万一哪天外部流量没有了或者贵到自己承受不起的时候，企业的下一步应该怎么走。究其原因，是核心竞争力的缺失。

这些正好能够跟一步一个脚印的传统外贸企业形成互补。事实上，假如一家传统外贸企业的存活时间比较长，并且经历过国际贸易的前两个红利期，那么跨境电商卖家的今天实际上就是传统外贸企业的昨天，跨境电商卖家曾经的狂欢和如今的焦虑与迷茫，传统外贸企业统统经历过。在狂风巨浪中借势行走之后，如何在风平浪静时依然能够稳步向前，传统外贸企业的老大哥们应该有足够多的经验。

综合上述，传统外贸企业和跨境电商卖家之间先达成"买和卖"的关系后，再升级为较为深度的合作，是我认知中真正的"B+C"。不是传统外贸企业不顾自身基因限制硬要转型做B2C业务，也不是跨境电商卖家因为羡慕传统外贸企业一张订单几百万美元而想要转型B2B业务。这两种做法即使能够成功也只会是小概率事件，不具备复制的可能性。更不是双方都将对方视若洪水猛兽，甚至将对方视为竞争对手觉得对方抢了自己的客户或者用户。

所有的竞争归根结底都是供应链的竞争，谁在链条上耕耘得越深，跟链条上合作伙伴的关系越紧密，这个链条相比其他链条的竞争优势就会越大，自己的竞争优势也会越大。同向而行是竞，相向而行是争，我认为传统外贸企业和跨境电商卖家之间更应该思考的是"竞"而不是"争"。

最后，不管 B2B 还是 B2C，我认为都只是手段，而不是真正的目的。

别人问我们，或者我们问自己："你到底是要做 B，还是要做 C？"这个问题时，大概相当于问："你准备搭火车还是搭飞机？"但更重要的，难道不应该是"去哪个目的地"吗？

在商业世界里，我认为这个目的地是：给客户创造更多的价值。

商业的本质是什么？

我认为是交换，以货币作为媒介的交换。之所以会发生交换，原因不外乎是：在我的价值认知中，我所付出去的事物，低于我交换回来的事物。

这意味着，假如我们想要和客户、用户发生交换，方法有两个：

降低对方需要付出的成本。

提升对方能够获得的价值。

以此来提升对方的"消费者剩余"。

要实现这两点，永远离不开我们在某一个领域的深耕细作，而非依靠着某一个所谓的风口获取势能。无论我们从事 B2B 还是 B2C，其实都不是关键，关键始终还是一个词：**核心竞争力**。

第29章
我的核心竞争力是什么

在商业世界里，没有一门生意可以永远存在。要么会有另外一种效益更好、效率更高、成本更低的方案实现替代，譬如打火机取代了火柴、云盘取代了U盘。要么充分竞争的存在让这门生意变得越来越无利可图，从而逐利的商人们纷纷选择了退出。

俗话说No Pain, No Change（没有痛苦，就没有改变），当"痛苦"来临的时候，许多人的第一个想法都是"转型"。例如我的一位创业了十年的朋友老赵，一开始他在深圳做蓝牙耳机的外贸，创业第三年时觉得蓝牙耳机生意不太好，于是他改行做了LED台灯，第六年的时候老赵觉得单纯贸易生意实在太难，于是全公司搬迁到中山开了一家小工厂，第十年的时候他觉得传统外贸的压力越来越大，于是又将工厂关了改做阿里巴巴速卖通。

请大家思考一个问题：老赵的创业历程，能够称为转型吗？

实际上并不能，这种情况顶多只能称为"转变"而非"转型"，更远远算不上"升级"，原因很简单：他的企业没有"根"。

什么意思呢？以我公司这10年来的经历作为例子。

2011年，我从中国500强企业离职，孤身一人踏上创业的道路。主要的业务是"采购代理"，帮助海外的客户处理中国的采购事务。一开始只在空调行业，半年后开始进入LED照明行业。

2012年，由于空调行业的整体利润率太低，即使海外客户自己都身处"低增长，高成本"的区间。公司的家电业务渐渐衰退，LED照明业务则占据越来越多的比重。

2013年，兴趣使然，我开始在网络上做知识分享。在后来的8年时间里，共计创作了数百万字的文章，积累了超过15万的读者，绝大多数都是国际贸易领域的从业者。

2014年，随着公司LED照明业务的大客户开始在当地建设工厂，客户的主要需求从成品切换到半成品乃至于零部件，公司的业务开始跟随着往供应链的上游迈进。

2018年，公司开发了一个美国零售渠道的大客户。由于零售渠道对成本的要求非常高，倒逼着公司往供应链的更上游，也就是原材料端迈进。而且当时中美正处于贸易摩擦的矛盾期，我们的供应链不能仅在中国，还必须去开拓越南、泰国等地的供应商，进一步扩大了供应链的宽度。

2020年，由于全球新冠肺炎疫情，公司的传统业务出现断崖式下跌。借助过往9年对空调行业和LED照明行业的理解和技术沉淀，我们研发出让空调增加空气消杀功能的LED紫外灯，开始聚焦健康领域，并通过由于我过往的知识分享而知道且信任我们公司的企业和个人销售到海外市场，初步建立国际渠道商管理体系。

2021 年，借助过往积累的供应链资源和能力，我们实现了产品品类的进一步扩大，研发出同时实现照明功能和消杀功能的阳光灯、同时实现照明功能和食品保鲜与食品安全功能的保鲜灯，以及技术实力远超当前市场上所有产品的植物生长灯等，开始从一家传统国际贸易企业向新型产品公司转型。

在这 10 年里，我当然也走过许多的弯路。但从上述经历中大家不难发现，尽管我做过许多跨领域的事情，但这些事情相互之间是有逻辑关联的，或者说，我在后来做的每一件事情，都是建立在之前我已经对这件事情有所沉淀的基础上。

以 2020 年为例。在当时的大环境下，许多人都选择进入口罩、洗手液、测温计等产品领域。但对于这些产品，我却压根一个念头都没有闪过，原因很简单：这些产品离我太远。我一没有资源二没有能力，即使真的跟风去做了，既没办法给客户带去多少价值，也不会有多少市场竞争力，顶多只能依靠信息不对称挣一波快钱。

当我们真的想要从事某项长线业务，而不仅仅是打一场"闪电战"时，一定要确保自己有"根"的存在。这个"根"，就是核心竞争力。

还记得前文关于核心竞争力的描述吗？

根据菲利普·科特勒的阐述：

我的工作是否能够让客户感知到具体的价值？

我的优势是不是竞争对手难以模仿和抄袭的？

我的能力和资源是否能够复制到其他的领域？

假如一个产品没有办法解决客户的"痛点"而只触碰到"痒点",假如一项工作没能让客户以经济价值进行衡量、评估和判断,这是我们核心竞争力的缺失。

我在还没开始创业时,每天都会有各种各样的想法在我的脑海出现。我渴望跟人讨论,但是又害怕跟人讨论,实在不得不跟人谈起的时候,我都恨不得跟对方签一份保密协议,因为我担心消息走漏之后,我的"绝妙想法"会被人偷走。但假如一项工作别人在知道后能够轻易地做到,这难道不是我们核心竞争力的缺失?

假如我一开始从事蓝牙耳机的外贸工作,后来由于种种原因做不下去了,于是我跑到亲戚家的机械工厂做内销工作,过往的客户资源完全用不上,过往积攒的销售能力暂时也带不到国内市场。这种情况,也是我核心竞争力的缺失。

真正的核心竞争力,一定是每当我们想要跨领域发展时,能够实现复制的。

请大家再来回忆一下我过往10年的创业经历。

我在做空调行业的采购代理时,培育了自己"以客户为中心"的销售能力和采购能力,借助这个能力,我切入了LED照明行业。

做LED照明产品的时候,我深挖了照明专业知识和零部件、半成品的采购能力,初步往供应链上游迈进。借助这个能力,我切入了家居行业的零售渠道。

做家居行业的时候,我进一步理解了终端和用户的思维。借助这个进步,我开始实现从市场和需求的角度开发产品。

这段经历,是一步一个脚印往上攀登的过程,而不像有些企业一样,所谓"转型升级",其实是"东打一榔头,西打一棒槌",在不同阶段所做的事情，相互之间没有任何联系。这意味着，在我们经营企业的过程当中，有一个问题需要时时刻刻提醒自己：除了业绩目标之外，我是否也有能力目标？

能力目标是战略目标很重要的一部分，不管是销售能力、采购能力、管理能力，还是营销能力等，都是我们实现未来更远大目标所需要的能力。

还是下面这两个关键问题：

假如你作为老板离开现在的公司，你还能东山再起吗？
假如你作为业务离开当前的平台，你还能复制成功吗？

没有较高复制可能性的成功，就是能力目标缺失的体现。

所以事实上，转型并不仅仅意味着"做不一样的事情"，而应该像圆规一样，不管另外一只脚迈得多远，始终都有一只脚牢牢地立在原地，这只脚就是我们的核心竞争力。

所以，假如我是一家 A 行业的传统贸易公司，我可以选择做 A 行业的跨境电商，可以选择 B 行业的传统外贸，但假如我做 B 行业的跨境电商，那失败的概率真的太高了。

最后，我们应该如何建立自己的核心竞争力呢？

答案其实很简单，只有两个字：**沉淀**。

创业者是一个很容易浮躁的群体。很多时候会无限放大不做某一件事情的机会成本，要么觉得自己本来就"呼风唤雨"无所不能，多做一件事情没有什么大不了。要么觉得某个机会实在太珍贵了，要是不抓住的话未免太可惜。于是往往会盲目地开启一个个新的项目，还美其名曰自己是"连续创业者"。

真正的专业并不是挖一个直径 100 米但深度只有 5 厘米的坑，而是将

5厘米直径的小孔深挖到100米深。商业世界是非常复杂的，假如我们没能在某个领域停留一段足够长的时间，没能接触行业内足够多的用户、客户和供应商，没能从理论的深度和高度看待行业，没能亲身下海体验波涛汹涌，没能咽下足够多的苦头和碰撞足够多的墙壁……都不可能真正沉淀，也不可能有什么所谓的核心竞争力。

这段沉淀，可能需要花费我们10年时间。

只有做到上述种种，我们才能脱下创业者的帽子，转身穿上经营者的衣衫，甚至戴上企业家的桂冠，然后在回顾自己的创业历程时，笑一笑说："无他，唯坚持尔。"

后　记

  2020年年中，我和深圳分公司的同事说："我计划写跟创业相关的系列文章。"同事问我为什么会有这个想法，记得我当时的回答是："因为创业这10年以来，我踩过的坑太多，遇到的困难太多，面临的失败也太多了。我希望能够将这段经历分享给别人，让别人能够少走点弯路，甚至在一开始就不要踏上创业这条道路。"

  确实，很多人向往创业，觉得唯有创业才能真正拥有自己的事业，打工都是帮别人数钱。但事实上，他们向往的仅仅是创业成功后的财富和生活，而非创业本身。

  是的，创业可以收获绝大多数职场人难以企及的财富，即使只是一家小微企业或者一个普通的个体户，10年下来积累超过千万的净资产也不是一件太困难的事情。可问题在于：有多少公司真的能够存活超过10年？背后又有着多少不为人知的痛苦和辛酸？

  我们所看到的一切美好，不过都是"幸存者偏差"罢了。据说我国中小企业的平均寿命只有 2.5 年，每年有超过 100 万家企业倒闭。无论在哪个年代，创业都是一件大浪淘沙、千里挑一甚至万中无一的事情，像这样的小概率事件，我们能够成功，很多时候并非能力超群。我们面临失败，也可能仅仅是运气不行。

"七分天注定，三分靠打拼"，在创业这件事情上，能够在自己可以把控的三分里做到极致，已经是很了不起的事情了。

但不管再怎么努力，赌的成分始终还是太大。因此在看待创业这件事情上，很多时候并不是我赢了会怎样，而是当我输了的时候，后果是自己能够承担得起的吗？

从 2011 年到 2021 年，我已经创业 10 年了。10 年时间，我从一个 SOHO 个体户发展为一家不到 20 人规模的小企业，看上去是不是有点不思进取？

记得我在大学里加入学校的创业实验室时，每天想的都是要做一番改变世界的大事业。要进入最高精尖的风口领域，要成立多少家公司，要一年盈利，三年上市，五年成为行业龙头。像做国际贸易卖货赚钱这种事情，当年的我连用眼角都懒得瞄一下。

这就是为什么我在 2006 年大学毕业一年后，第一次尝试创业时，选择了"互联网送餐"这个后来出现了"美团"的庞大赛道。

在许多人的眼睛里，做生意≠创业，觉得那仅仅是赚点养家糊口的小钱，改变不了世界，也远远称不上"成功"。

可是后来我渐渐想通了，在别人只能干 2.5 年的岗位上，我却能够长期地奋斗下去，并为之持续燃烧和奉献自己的时间和热情，这难道不已经是一场成功了吗？

从这个角度出发：在天桥底下挂上"祖传贴膜"的招牌是创业；在小

区门口开一家 24 小时便利店是创业；在社交媒体上做微商卖货也是创业。

我们可以从身边自己擅长的一点点小事做起，再慢慢地扩大圈子。毕竟所有的事情，都是从 A 发展到 B，然后再到 C，最后再慢慢走向 D 的。不要在连 A 都还没有开始的时候，就想着一步到位达到 D。

即使最终我们在多番努力之后达不到 D，没关系，"活着"已经是最大的胜利。

还记得朋友曾经说过一番话："创业是一场马拉松，作为一名长跑者，我们要耐得住被短跑者超越的寂寞。"

开始跑起来，持续跑下去，我们就已经赢了。

感谢你读完我的这本书，希望我这 10 年的经历和思考对你有所帮助。也欢迎你到我的微信公众号"丹牛"或者微博"Daniel 李智锐"做客，让我们在书外的世界再次相遇吧。

再见！

2022 年 5 月

广东·佛山·顺德

参考文献

[1] 雷克汉姆. 销售巨人:大订单销售训练手册(理论篇+实践篇)[M]. 石晓军,译. 北京:中华工商联合出版社,2010.

[2] 崔建中. 价值型销售[M]. 北京:北京时代华文书局,2018.

[3] 陈春花. 管理的常识:让管理发挥绩效的8个基本概念[M]. 北京:机械工业出版社,2016.

[4] 刘宝红. 采购与供应链管理:一个实践者的角度[M]. 北京:机械工业出版社,2019.

[5] 刘宝红. 供应链管理:高成本、高库存、重资产的解决方案[M]. 北京:机械工业出版社,2016.

[6] 雷克汉姆,德文森蒂斯. 销售的革命[M]. 陈叙,译. 北京:中国人民大学出版社,2013.

[7] 王泽蕴. 不做无效的营销:奥美内部培训[M]. 北京:中国友谊出版公司,2017.

［8］ 麦克法兰.突破之道：从平庸走向卓越[M].江南，江维，译.北京：机械工业出版社，2017.

［9］ 戴伊，赫特.深度管理[M].苏健，译.北京：中国友谊出版公司，2018.

[10] 艾瑞里.怪诞行为学[M].赵德亮，夏蓓洁，译.北京：中信出版社，2008.

[11] 科特勒.营销管理[M].吕一林，王俊杰，译.北京：中国人民大学出版社，2010.

[12] 德鲁克.管理的实践[M].齐若兰，译.北京：机械工业出版社，2019.

[13] 依迪斯.新解决方案销售[M].武宝权，译.北京：电子工业出版社，2014.

[14] 和仁达也.钱都去哪儿了：管理者的财务入门书[M].太山，译.北京：机械工业出版社，2015.